CM1

Étude de la langue

• Manuel •

Méthode explicite

Sandrine Ferré Clochard
Professeur des écoles

Marine Duverger
Professeur de lettres classiques en collège

Jean-Christophe Pellat
Professeur de linguistique française

la librairie des écoles

Sommaire

Sommaire

Présentation du manuel

Bonjour, Je suis Nicolas.
Mon amie Iris et moi vous accompagnerons tout au long de l'année...

Chaque séance se déroule ainsi :
1 • Rituels quotidiens.
2 • Présentation de la notion.
3 • Pratique guidée.
4 • Pratique autonome.

Les notions sont présentées sous forme d'unités thématiques qui s'organisent ainsi :

Le futur

Séance 20

J'observe

→ Mes rituels quotidiens : page 147

Le soleil va apparaitre.
aller du présent / *verbe à l'infinitif*

Le vent chassera les nuages.
radical / *terminaison du futur*

Il existe deux manières d'exprimer une action ou un état qui ne s'est pas encore produit.

▶ Le futur proche est utilisé pour exprimer un état ou une action qui est **sur le point de débuter**. Il est formé du verbe *aller* au présent suivi du verbe à l'infinitif. On dit alors que *aller* est un **semi-auxiliaire**.

Je me souviens : **aller** est généralement utilisé comme verbe de mouvement. Je vais à l'école.

▶ Le futur simple permet d'exprimer un état ou une action qui aura lieu **après le moment où on l'exprime**.
Les terminaisons du futur simple sont identiques pour tous les verbes.

sujet	verbes du 1er groupe chanter		verbes du 2e groupe finir	
	singulier	pluriel	singulier	pluriel
1re personne	chanterai	chanterons	finirai	finirons
2e personne	chanteras	chanterez	finiras	finirez
3e personne	chantera	chanteront	finira	finiront

1 **Indique si aller est utilisé comme verbe de mouvement ou comme semi-auxiliaire.**
- Nous allons au cinéma vendredi soir.
- Les gourmands vont se régaler.
- Tu vas à droite, puis tout de suite à gauche.
- Vous allez dîner dans dix minutes.
- Les cigognes vont jusqu'en Alsace.

46 | Unité 3 Le présent et le futur de l'indicatif

Une ou plusieurs phrases modèles permettent au professeur de présenter et d'illustrer chaque notion.

Mise en projet

La première séance de chaque unité commence par une grande illustration qui permet de **mettre en projet** la notion travaillée.

Objectivation

À la fin de chaque unité, les notions étudiées sont présentées de manière visuelle afin de permettre aux élèves de **reformuler** ce qu'ils ont compris et retenu.

Rituels quotidiens

Tous les **rituels** de conjugaison, de dictée et d'analyse grammaticale commençant les séances se trouvent à la fin de l'ouvrage.

Ce que j'ai appris

Séance 22

▸ Le présent de l'indicatif

Le présent d'énonciation

Je choisis un livre passionnant.

Le présent d'habitude

Chaque jeudi, nous dansons.

Le présent de vérité générale

Le soleil se lève à l'est.

▸ Le futur

Le futur proche : l'action va bientôt avoir lieu.

Je vais déjeuner dans quelques minutes.

Le futur simple : l'action aura lieu dans l'avenir.

Dimanche, je déjeunerai chez ma grand-mère.

50 | Unité 3 Le présent et le futur de l'indicatif

Mes rituels quotidiens

Unité 3

▸ Le présent et le futur de l'indicatif

Dictée — Nous jouons aux petites voitures.

Conjugaison

Dictée — Tu observes des fourmis volantes.

Conjugaison

Dictée — Quel bel oiseau !

Conjugaison

Dictée — Le score total atteint douze points.

147

2 **Identifie le verbe, puis indique s'il est au futur simple ou au futur proche.**

a Le froid de l'automne va arriver soudainement.
b Nous participerons à ce concours.
c Vous franchirez la frontière en fin de journée.
d Les chanteurs vont entrer en scène.
e La partie va bientôt s'achever.
f Vous voyagerez en train puis en avion.

Pour conjuguer les verbes des 1er et 2e groupes au futur simple, je peux m'aider de l'infinitif. chanter → je chanterai.

3 **Conjugue les expressions au futur proche, puis au futur simple à toutes les personnes.**

a manger une glace
b ralentir la course
c se coucher tôt
d finir l'exercice

Les verbes particuliers du 1er groupe au présent (séance 20) ont les mêmes particularités au futur à toutes les personnes.

4 **Complète chaque phrase par le verbe au futur simple.**

a *(jouer)* Marion … le rôle de la sorcière.
b *(crier)* Les supporters … avec ardeur.
c *(obéir)* Le cheval bien dressé … à son cavalier.
d *(nettoyer)* Vous … soigneusement votre ardoise.
e *(réciter)* Nous … une nouvelle poésie.

5 **Identifie le verbe de chaque phrase et mets-le au futur simple.**

a Cet acteur finit son spectacle tard dans la nuit.
b Théo et toi parlez avec le professeur.
c La directrice passe dans toutes les classes.
d Les jumeaux se lavent soigneusement les dents avant de se coucher.
e Nous mangeons de délicieuses lasagnes.

6 **Identifie chaque verbe, puis analyse-le comme dans l'exemple.**

Exemple : Le jardinier taillera les arbres de l'école.
→ verbe tailler, verbe d'action du 1er groupe, 3e personne du singulier du futur simple

a Les sauveteurs agiront avec précision et efficacité.
b Émile cuisinera ses bonnes lasagnes.
c À l'adolescence, vous grandirez d'un seul coup.
d Nous lirons ce texte de lecture avec facilité.
e Tu organiseras une fête pour ton anniversaire.

Unité 3 Le présent et le futur de l'indicatif | 47

Rituels quotidiens

Chaque séance commence par un rituel de conjugaison, une dictée et un petit exercice d'analyse grammaticale, pour permettre aux élèves d'acquérir les bons réflexes.

Pratique guidée

Les exercices, menés à l'oral, fonctionnent selon une **progression en 3 temps**.

1 **Identifier** : repérer la nouvelle notion.

2 **Étayer** : approfondir la compréhension de la notion, en l'abordant dans des contextes variés.

3 **Utiliser** : se servir de la nouvelle notion pour décrire une image, inventer une phrase, etc.

Un exercice d'**analyse grammaticale** systématique est proposé en fin de chaque séance.

Pratique autonome

À chaque séance du manuel correspond une séance du **cahier d'exercices**, qui permet aux élèves d'appliquer la notion à l'écrit en **pratique autonome**.

Révisions

À la fin de chaque unité, des exercices de **révision** permettent de réinvestir les notions apprises.

Rédaction

À la fin de chaque unité de conjugaison, un **projet d'écriture** est proposé, pour réinvestir de façon concrète et motivante les notions abordées dans l'unité.

Tableaux de conjugaison

Des tableaux de conjugaison se trouvent en fin d'ouvrage, à disposition des élèves.

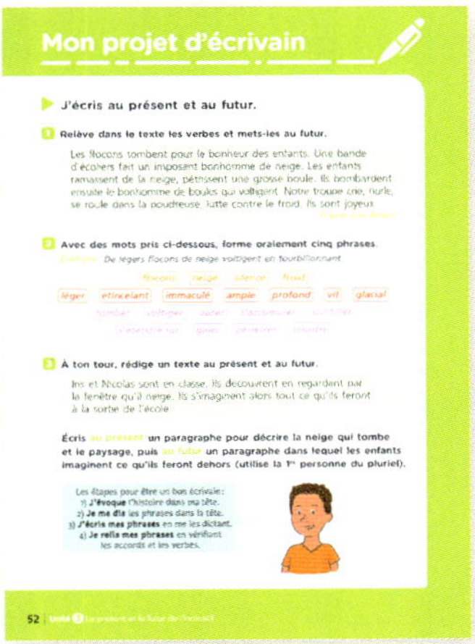

Ce que je vais apprendre

Séance 1

▶ **La grammaire** est l'ensemble des règles qu'il faut connaître pour bien lire et bien écrire en français. Elle permet de bien comprendre et se faire comprendre.

▶ Pour chaque mot d'une phrase, je cherche :
- sa **nature** : ce qu'il est ; cette nature ne change jamais.
- sa **fonction** : son rôle dans la phrase ; la fonction varie selon la phrase.
- son **sens** : ce qu'il veut dire.

▶ Les **natures** et les **fonctions** des mots que nous étudierons cette année :

Nature
- verbe
- pronom
- nom
- article et déterminant
- adjectif
- préposition
- adverbe
- conjonction de coordination

Fonctions
- sujet
- complément du nom
- épithète
- attribut du sujet
- complément d'objet
- mot qui relie
- complément circonstanciel
- mot qui détermine

Pour analyser un nom, un déterminant, un adjectif ou un pronom, je donne sa nature, son genre, son nombre et sa fonction.

Pour analyser un verbe, je donne son infinitif, son groupe, son temps et sa personne.

➜ **Analyse tous les mots de chaque phrase.**

a J'écoute la musique classique.

b Iris joue du violon.

c Nicolas viendra demain.

d Le chat mange des croquettes.

Unité 1

Autour du nom

Le nom et le nom composé

Séance 2

J'observe

La cliente ouvre son porte-monnaie.

▼ Cliente et porte-monnaie sont des noms.
Porte-monnaie est un nom composé.

▶ Le nom désigne une personne, un animal ou une chose.

la cliente • un chien • la ville • la gourmandise

▶ Certains noms sont formés de **deux ou plusieurs mots** qui sont souvent réunis par un **trait d'union**.
Ce sont les noms composés.

un chou-fleur • la grand-mère • le porte-monnaie

▶ Dans les noms composés, seuls les **noms** et les **adjectifs** peuvent se mettre au **pluriel**.

des chiens-loups (*nom + nom*) • des grands-mères (*adjectif + nom*) • des tire-bouchons (*verbe + nom*)

un porte-monnaie (*verbe + nom*) (un objet qui porte la monnaie) → des porte-monnaie

Je réfléchis toujours au **sens** du nom avant de le mettre au pluriel.

1 Identifie les noms dans les phrases suivantes.

a Nicolas fait des courses au marché.
b Le cycliste respecte le feu rouge.
c Le vendredi, les embouteillages sont nombreux.
d Nous devons admirer le courage des soldats.
e Ce soir, Anaïs va au théâtre avec ses parents.
f La maîtresse a félicité Yanis pour son exposé.
g Dimanche, mes parents iront au marché acheter des légumes.

Je me souviens : il existe des **noms propres** et des **noms communs**.
Paris • une ville

2 **Identifie les noms composés dans les phrases suivantes.**

a Nicolas se baigne à la piscine cet après-midi.
b Pierre et Amélie ont rendu visite à leur grand-père.
c Les poules picorent dans la basse-cour.
d La maîtresse rend son taille-crayon à Iris.
e Pour le goûter, les enfants apportent leur casse-croûte.

3 **Indique la nature des mots qui forment chaque nom composé.**

a un oiseau-mouche
b un essuie-glace
c un beau-frère
d un porte-drapeau
e un chasse-neige
f un chat-tigre

4 **Mets les noms composés suivants au pluriel.**

a un camion-citerne
b une tomate-cerise
c un sourd-muet
d une longue-vue
e un chef-lieu
f un coffre-fort

5 **Mets les noms composés suivants au pluriel.**

a un pèse-personne
b un casse-noix
c un porte-plume
d un savoir-vivre
e un couvre-lit
f un laissez-passer

6 **Lis les définitions et trouve le nom composé qui correspond.**

a C'est un instrument qui sert à tailler les crayons.
b C'est une machine qui sert à laver les assiettes et les couverts.
c C'est une personne qui n'entend pas et ne parle pas.
d C'est un appareil qui permet de réchauffer les plats.
e C'est un oiseau qui a la poitrine rouge.
f Ce sont les parents de tes parents.

À ton tour !

→ **Forme des noms composés comme dans l'exemple.**

Exemple : nom + nom → *un chat-tigre*

a *adjectif + nom*
b *nom + nom*
c *nom + adjectif*
d *verbe + nom*

L'article

Séance 3

J'observe

→ Mes rituels quotidiens : **page 145**

Le maraîcher montre une tomate.

La grand-mère de Nicolas a acheté du pain.

▼ Le, la, une, du sont des articles.

▶ L'article est un mot placé devant le nom qui indique son genre et son nombre.

▶ L'article défini *(le, la, les, l')* désigne une personne, un animal ou une chose précis et connus.

Le marchand de fruits installe son étal.

Lorsque les articles définis ***le*** et ***les*** sont utilisés avec les prépositions ***à*** ou ***de***, ils se contractent en un seul mot. On les appelle articles définis contractés : ***au***, ***aux***, ***du***, ***des***.

Adrien va au cinéma.
à + le

▶ L'article indéfini *(un, une, des)* désigne une personne, un animal ou une chose imprécis ou inconnus.

Un chien traverse la route.

Quand un adjectif est placé devant le nom, **des** devient **de** ou **d'**.
de beaux fruits
d'élégantes robes

▶ Les articles ***du***, ***de la***, ***de l'*** sont appelés articles partitifs quand ils sont placés devant un nom qui exprime une quantité que l'on ne peut pas compter.

Nicolas boit de l'eau et mange du gâteau au chocolat.

1 Identifie la nature des articles soulignés : article défini, indéfini ou défini contracté.

a. Un matin, Jean a oublié son cartable.
b. Les collégiens vont au collège tout seuls.
c. Nous dégustons des glaces.
d. Anna est une nouvelle élève.
e. Le capitaine demande aux marins de lever les voiles.
f. Mon père répare la tondeuse.

2 **Identifie la nature des articles soulignés.**

a L'odeur des fruits embaumait.
b Elle boit de la tisane le soir.
c Léo a ramassé du bois.
d Iris aime offrir des fleurs.
e Le maître répond aux questions.
f Il interroge un élève.

3 **Identifie la nature des articles et indique le nom qu'ils déterminent.**

a La famille de Théo part au square.
b Les cousins construisent une grande cabane.
c Pauline distribue les feutres aux élèves.
d Ma tante met du sucre dans son café.
e Nous réalisons des cookies pour la fête des Mères.

4 **Complète par l'article qui convient et dis s'il s'agit d'un article défini contracté ou d'un article partitif.**

a Lise n'aime pas la fin ... vacances.
b Inès met ... sucre sur les crêpes.
c Cécile aime aller ... théâtre le soir.
d L'éleveur donne à manger ... lions.

5 **Mets au singulier l'article et le nom soulignés.**

a Léon a peur des clowns.
b Nous visitons les mines d'argent.
c Le médecin s'adresse aux patients.
d Tom nous apporte des fleurs.

6 **Mets au pluriel l'article et le nom soulignés.**

a Papa monte l'étagère de la cuisine.
b J'aperçois un écureuil dans le chêne.
c Les lions chassent la gazelle.
d Monique écrit au soldat.

7 **Ajoute l'adjectif donné devant le nom en gras et fais la modification.**

a Les Inuits construisent des **igloos**. *(immenses)*
b Marie cueille des **poires**. *(belles)*
c Ma tante confectionne des **jus de fruits**. *(succulents)*
d Au cirque, nous admirons des **acrobates**. *(agiles)*

8 **Analyse les articles soulignés comme dans l'exemple.**

Exemple : Les aigles ont des griffes acérées.
→ des : article indéfini, féminin, pluriel détermine le nom ***griffes***

a Mozart a écrit des opéras.
b Nicolas revient du bureau.
c Mes parents vont au marché.
d Le coffre de la voiture est plein.
e J'aime mettre du beurre dans les pâtes.
f Tu bois un verre de lait.

Le déterminant

Séance 4

→ Mes rituels quotidiens : page 145

J'observe

Quels fruits me proposez-vous ?

Donnez-moi ces pommes.

▼ Quels et ces sont des déterminants.

▶ Le déterminant est un petit mot qui précède le nom.
Il indique son **genre** (masculin ou féminin) et son **nombre** (singulier ou pluriel).

▶ Le déterminant possessif ***(mon**, **ma**, **mes**, **ton**…, **son**…, **notre**, **nos**, **votre**, **vos**, **leur**, **leurs)*** exprime la possession.

Iris prend son cahier. • Nous avons nos affaires.

▶ Le déterminant démonstratif ***(ce**, **cet**, **cette**, **ces)*** sert à montrer la personne, l'animal ou la chose dont on parle.

Cette montagne est très haute. • Ces valises sont perdues.

▶ Le déterminant interrogatif ***(quel**, **quelle**, **quels**, **quelles)*** sert à poser une question sur le nom qu'il accompagne. On l'emploie dans une phrase interrogative. (séance 48, page 102).

Quel cahier sortons-nous ? • Quelle leçon apprends-tu ?

▶ Le déterminant exclamatif ***(quel**, **quelle**, **quels**, **quelles)*** sert à exprimer un sentiment. On l'emploie dans une phrase exclamative (séance 49, page 104).

Quelle belle région ! • Quels jolis bébés !

▶ La **fonction** de tous les déterminants est de **déterminer le nom** auquel ils se rapportent.

Quels beaux oiseaux ! → *déterminant exclamatif, masculin pluriel, détermine le nom* ***oiseaux***

1 **Identifie les déterminants exclamatifs et interrogatifs ainsi que le nom qu'ils déterminent.**

a) Quelle belle journée ! Il fait un soleil radieux.
b) Quelle recette de gâteau au chocolat faites-vous ?
c) Quels parfums souhaites-tu pour ta glace ?
d) Quel accueil ! Vous nous recevez comme des rois.

2 **Identifie la nature des déterminants soulignés et le nom qu'ils déterminent.**

a. La lionne et son lionceau vivent dans la savane.
b. Quels beaux costumes vous portez !
c. Les petits font la sieste cet après-midi.
d. Quelle couronne le nouveau roi porte-t-il ?

3 **Complète par le déterminant quel que tu accorderas correctement.**

a. À ... match allez-vous assister ?
b. ... ingrédients mettez-vous dans votre sauce ?
c. ... ambiance à ce dîner ! Tous les convives étaient ravis.
d. ... chemises faut-il déposer chez le teinturier ?

4 **Transforme les phrases suivantes en phrases exclamatives.**

*Exemple : C'est une belle journée. → **Quelle** belle journée !*

a. Ce sont des enfants serviables.
b. C'est une chanteuse talentueuse.
c. Ce sont des idées originales.
d. C'est un livre bien écrit.

5 **Invente des phrases exclamatives avec les déterminants donnés.**

*Exemple : **Quelle** chance nous avons de vous rencontrer !*

a. Quelle ... !
b. Quel ... !
a. Quels ... !
b. Quelles ... !

6 **Invente des phrases interrogatives avec les déterminants donnés.**

*Exemple : **Quels** stylos mets-tu dans ta trousse ?*

a. Quels ... ?
b. Quelle ... ?
c. À quel ... ?
d. Dans quelles ... ?

7 **Pose la question dont la réponse est donnée dans chaque phrase. Utilise le déterminant interrogatif quel que tu accorderas.**

*Exemple : Il met son pull bleu. → **Quel** pull met-il ?*

a. Les enfants sages sont félicités.
b. C'est l'équipe rouge qui a gagné.
c. Le spectacle a lieu à 15 heures.
d. Il faut prendre un feutre rouge.

8 **Analyse les mots soulignés comme dans l'exemple.**

Exemple : Quelle belle petite chèvre !
*→ déterminant exclamatif, féminin singulier, détermine le nom **chèvre***

Quelle belle course ! Quel jockey a remporté la victoire ? Quels résultats obtient-il ? Ce fut un très beau spectacle. Quel bon moment passé ensemble !

Le déterminant numéral et l'adjectif numéral

Séance 5

→ Mes rituels quotidiens : **page 145**

J'observe

– Donnez-moi quatre melons, s'il vous plaît.

– Le cinquième melon est gratuit !

▼ Quatre est un déterminant numéral cardinal.

▼ Cinquième est un adjectif numéral ordinal.

▶ Le déterminant numéral cardinal se place devant le nom pour en indiquer le **nombre**. Les nombres formés de plus d'un mot prennent un trait d'union.

trente-huit • cent-vingt-deux • quarante-et-un

Les déterminants numéraux cardinaux sont **invariables** sauf ***quatre-vingts*** et les multiples de ***cent*** qui se terminent par un **s** s'ils ne sont pas suivis d'un autre nombre.

deux-cents • trois-cent-cinquante • quatre-vingt-dix

Mille est toujours invariable.
mille • deux-mille • trois-mille

▶ L'adjectif numéral ordinal se place devant le nom pour en indiquer le rang.
Les adjectifs numéraux ordinaux **s'accordent en genre et en nombre** avec le nom qu'ils accompagnent.

Louise a passé ses seconds examens.

1 Identifie les déterminants numéraux cardinaux et les adjectifs numéraux ordinaux.

a. Le fermier élève sept moutons et dix chèvres.
b. Le professeur accorde une seconde chance aux élèves.
c. Anne est la cinquième fille de la famille.
d. Louis a reçu trois cartes pour son anniversaire.
e. La cane et ses six canetons sortent de la mare.
f. J'habite au quatrième étage sans ascenseur.
g. Jules et Thibault sont troisièmes de la classe.
h. Pour aller à la boulangerie, nous parcourons deux kilomètres.

2 **Identifie la nature des mots soulignés et dis le nom qu'ils déterminent.**

a. Quand les premiers invités seront arrivés, nous sortirons les cinq chaises.
b. Dès la dixième minute, l'équipe a marqué son second but.
c. Oncle Jules a acheté le sixième tome de sa bande dessinée préférée.
d. Au troisième tour de piste, Tom a dépassé ses sept concurrents.

3 **Accorde les déterminants numéraux si nécessaire.**

a. *(vingt)* livres
b. *(quatre)*-*(cent)* années
c. *(quatre)*-*(vingt)*-*(douze)* ans
d. *(deux)*-*(cent)*-*(quatre)*-*(vingt)* lapins
e. *(trois)*-*(mille)*-*(cent)* jours
f. *(quarante)*-*(six)* crayons de couleur

4 **Écris en lettres les nombres contenus dans les différentes phrases.**

a. Ma grand-mère a 37 petits-enfants.
b. Charlemagne a été sacré empereur en l'an 800.
c. Pendant les vacances, nous avons parcouru 1 580 kilomètres.
d. Une livre est l'équivalent de 500 grammes.

5 **Complète les phrases suivantes par un déterminant numéral cardinal. Écris-le en lettres.**

a. Le mois de septembre compte ... jours.
b. L'athlète est parti courir une heure soit ... minutes.
c. Une année bissextile compte ... jours.
d. Une année comprend ... mois et ... saisons.

6 **Complète les phrases suivantes par un adjectif numéral ordinal.**

a. Mai est le ... mois de l'année.
b. R est la ... lettre de l'alphabet.
c. Mardi est le ... jour de la semaine.
d. Le CM1 est la ... classe du primaire.

7 **Analyse les mots soulignés comme dans l'exemple.**

Exemple : J'ai parcouru trois kilomètres.
*→ déterminant numéral cardinal, détermine le nom **kilomètres**, masculin pluriel*

Les deux cathédrales de Reims et Rouen ont été construites au douzième siècle. Ces monuments peuvent accueillir chacun plus de deux-cents visiteurs.

L'adjectif qualificatif

Séance 6

→ Mes rituels quotidiens : **page 145**

J'observe

Sur l'étal du marchand, il y a des melons mûrs et des tomates rouges.

▼ Mûrs et rouges sont des adjectifs qualificatifs.

▶ L'adjectif qualificatif **qualifie** le nom qu'il accompagne : sa couleur, sa taille, sa forme, son apparence, son caractère…

▶ L'adjectif s'accorde en **genre** et en **nombre** avec le nom qu'il qualifie.
Quand il qualifie plusieurs noms ou pronoms, il se met au pluriel.
Quand les noms sont de genres différents, il se met au masculin pluriel.
La trousse et la pochette neuves. • Une carte et un livre anciens.

▶ Les adjectifs de couleur s'accordent en général avec le nom, mais quand ils sont composés de plusieurs mots, ils sont invariables.
Idriss porte des baskets vertes. • Lina a les yeux bleu clair.

Si un nom est employé à la place d'un adjectif pour désigner la couleur, il est invariable.
J'ai des jolies chaussettes orange (de la couleur d'une orange).

Exceptions : ***rose***, ***mauve***, ***fauve***, ***écarlate***, ***pourpre*** peuvent se mettre au pluriel comme les adjectifs.

▶ L'adjectif est épithète lorsqu'il est **placé près du nom**.
Édouard lit son premier roman.
premier *: adjectif numéral ordinal, masculin singulier, épithète du nom* ***roman***

1 Indique les adjectifs qui qualifient les noms soulignés.

a. Louis a des parents sévères.
b. Petit et svelte, le jockey s'élance sur son cheval.
c. Arthur et Marco, attentifs et concentrés, écoutent le maître.
d. Le cheval préféré de la reine a un pelage brun.
e. Hugo et Jade, curieux et futés, observent un écureuil.
f. Aline met une jupe grise et Alice un pull bleu.
g. Ma grand-mère offre une jolie trousse à ma petite sœur.

2 **Identifie les adjectifs et dis quel nom ils qualifient.**

a. Un bruit sourd jaillit de la grange obscure.
b. C'est une grand-mère formidable avec ses petits-enfants.
c. Jean contemple les belles images de son nouvel album.
d. À son réveil matinal, le jardinier arrose ses plates-bandes fleuries.

3 **Accorde l'adjectif donné avec le nom en gras.**

a. Les explorateurs découvrent une **grotte** *(merveilleux)*.
b. La fermière élève des **lapins** *(nain)*.
c. Lucie et Leila sont des jeunes **filles** *(coquet)*.
d. Le pirate cache un *(fabuleux)* **trésor** : des pierres et des **métaux** *(précieux)*.

4 **Accorde l'adjectif donné avec les noms qu'il qualifie.**

a. un cahier et un stylo *(neuf)*
b. des fraises et des groseilles *(mûr)*
c. un train et un wagon *(animé)*
d. une école et un préau *(décoré)*

5 **Accorde l'adjectif donné avec le nom ou les noms qu'il qualifie.**

a. Ce château et sa tour très *(vieux)* datent du Moyen Âge.
b. Les fruits et les gâteaux *(succulent)* régalent les invités.
c. Les toits et les rues *(blanc)* de neige embellissent la *(petit)* ville.
d. Maman pose chez le teinturier les robes et les vestes *(délicat)*.

6 **Accorde l'adjectif donné avec le nom ou les noms qu'il qualifie.**

a. une jupe et un pull *(rose)*
b. des gants *(rouge cerise)*
c. des prairies *(vert)*
d. une vache aux taches *(marron)*

7 **Complète les phrases suivantes par des adjectifs de couleur de ton choix.**

a. Nous achetons des tulipes ... et ... pour la fête des Mères.
b. Marion prête à Timothée ses feutres ... et ... .
c. Adrien ramasse une magnifique plume ... aux reflets ... .

8 **Analyse les mots soulignés comme dans l'exemple.**

Exemple : belle → *adjectif qualificatif, féminin singulier, épithète du nom* ***journée***

En cette belle journée d'automne, Arthur et Dorothée se promènent dans une forêt très touffue. Ils ramassent de nombreux champignons gris et bruns. Ils remplissent leur troisième panier. Quelle délicieuse omelette ils feront !

Les degrés de signification de l'adjectif

Séance 7

J'observe

→ Mes rituels quotidiens : page 145

Les tomates sont aussi rouges que les cerises.

▼ Aussi rouges que est un comparatif d'égalité.

Il existe **trois degrés de signification** de l'adjectif qualificatif :

▶ Le positif : l'adjectif précise simplement le nom **sans le comparer**.

une tomate rouge

▶ Le comparatif : l'adjectif exprime la qualité du nom **en la comparant** grâce aux adverbes ***plus***, ***moins***, ***aussi***. Il est suivi d'un **complément** introduit par ***que***.

- Le comparatif de supériorité :

La tomate est **plus** rouge **que** la cerise.

- Le comparatif d'égalité :

La tomate est **aussi** rouge **que** la cerise.

- Le comparatif d'infériorité :

La tomate est **moins** rouge **que** la cerise.

▶ Le superlatif : l'adjectif exprime une qualité du nom portée au plus haut degré (supériorité) ou au plus bas degré (infériorité). Il est formé de l'**adjectif au comparatif** de supériorité (***plus*** + adjectif) ou d'infériorité (***moins*** + adjectif) précédé d'un **article défini** (***le***, ***la***, ***les***). Il est suivi d'un **complément** introduit par ***de***.

Henri est **le plus** rapide **de** la classe. • Le paresseux est **le moins** rapide **des** animaux.

1 **Identifie le degré de signification de l'adjectif souligné : positif, comparatif ou superlatif.**

a. La Loire est le plus long fleuve de France.
b. Un éléphant est plus lourd qu'une souris.
c. La ville est bruyante.
d. Tes joues sont aussi rouges qu'une tomate.
e. Inès est la plus timide de la classe.

2 **Indique si les adjectifs soulignés sont des comparatifs d'infériorité, de supériorité ou d'égalité.**

a. Cet été, la récolte de miel a été plus abondante qu'au printemps.
b. Les pommes de terre sont moins chères que les carottes.
c. Ma sœur était aussi élégante que ma cousine.
d. Le trajet est plus rapide en train qu'en voiture.
e. Les filles de la classe sont aussi grandes que les garçons.
f. Mon âne Cadichon est moins docile que mon chien Patapouf.

3 **Complète chaque phrase par le comparatif qui convient.**

a. Le mois de décembre est *(froid)* que celui de juillet.
b. Les nuits d'été sont *(long)* que celles d'hiver.
c. Les framboises sont *(rouge)* que les fraises.
d. Le lièvre est *(rapide)* que la tortue.
e. La robe de la mariée est *(blanc)* que la neige.
f. Je préfère les poires ; je trouve qu'elles sont *(bon)* que les pommes.

4 **Complète chaque phrase par le superlatif qui convient.**

a. Le mont Blanc est le *(haut)* sommet des Alpes.
b. Thibault a remporté tous les prix : c'est le *(bon)* élève de la classe.
c. Jules César est le *(célèbre)* chef militaire romain.
d. Ulysse est le *(rusé)* des héros de la mythologie grecque.
e. Matteo a gagné au loto. C'est le *(chanceux)* !

5 **Analyse les adjectifs (comparatif, superlatif) comme dans l'exemple.**

Exemple : Jeanne est l'élève la plus sage de la classe.
*→ **sage** : adjectif au superlatif*
*__de la classe__ : complément du superlatif introduit par **de**.*

Cadichon est l'âne le plus intelligent de tous les ânes. Il aide les gendarmes à arrêter les pires voleurs de la région.
C'est un animal aussi doux qu'un agneau, moins rapide qu'un cheval mais plus rusé qu'un renard.

À ton tour !

→ **Écris une phrase pour décrire ton animal préféré avec trois adjectifs au superlatif, comme dans l'exemple.**

Exemple : Le plus utile, le plus noble, le plus fier des animaux, c'est le cheval.

Le complément du nom

Séance **8**

→ Mes rituels quotidiens : **page 145**

J'observe

De retour du marché, nous préparons une soupe de légumes.

complément du nom

▼ De légumes est le complément du nom ***soupe***.

▶ Un complément du nom permet de **préciser le sens** d'un nom.
Le complément du nom peut être un autre **nom** ou un **verbe à l'infinitif**.
Il est introduit par une préposition : ***à***, ***de***, ***en***, ***avec***, ***sans***…

un panier en osier • une jambe de bois

une salle à manger • des pulls sans manches

▶ Le complément du nom permet d'**apporter des informations**, par exemple sur :

- le propriétaire → le vélo de papa
- l'origine → une cousine de Bretagne
- la matière → un pantalon en toile
- l'utilisation → une salle de bains
- le prix → un timbre d'un euro
- la dimension → une étagère de deux mètres de long

Le complément du nom ne s'accorde pas en genre et en nombre avec le nom qu'il complète.

1 Identifie le complément du nom et indique la préposition qui l'introduit.

a. le fromage de chèvre
b. l'ombre d'un doute
c. un couteau à huîtres
d. une cabane en bois
e. le train de vingt heures
f. la sœur de ma maman

2 Identifie le nom précisé par le complément du nom.

a. une voiture de course
b. une salle de bal
c. un verre à pied
d. le transport de troupes
e. le chef de clan
f. un crayon à papier

3 **Identifie le complément du nom, puis indique l'information apportée.**

a. Un train de marchandises est arrivé en gare.
b. Maman me dit de mettre un bonnet de laine.
c. Le violoniste fait sonner la dernière note du morceau.
d. La voiture de Benoît est neuve !
e. Jade a mis un billet de cinq euros dans sa tirelire.
f. Les invités sont dans la salle à manger.
g. Ce bracelet en or en magnifique.

4 **Identifie le complément du nom, puis indique sa nature.**

a. J'ai rangé mes poupées dans le coffre à jouets.
b. L'aigle est un oiseau de proie.
c. Ma grand-mère utilise un fer à friser.
d. Le livre que je préfère de Victor Hugo est *Les Misérables*.
e. Dans ta trousse, tu as mis des crayons de couleur.
f. L'ambassadeur de Chine visite Paris.
g. Jeanne prépare son départ pour Nice.

5 **Ajoute un complément du nom pour préciser chaque nom.**

a. Tu as mis tes chaussures … .
b. Le technicien répare la machine … .
c. Le frère … est très sympathique.
d. Je suis en retard au cours … .
e. La table … se trouve dans la buanderie.
f. Une tarte … est servie pour le dessert.

6 **Analyse les mots soulignés comme dans l'exemple.**

Exemple : Je range la table à repasser.
→ verbe à l'infinitif, complément du nom ***table****, introduit par la préposition* ***à***

a. La tempête a emporté le toit de tuiles.
b. Le meunier charge les sacs de farine.
c. Le pyjama de Grégoire est sous son oreiller.
d. Sa chambre à coucher est en désordre.
e. Pour son anniversaire, Yanis a reçu des patins à roulettes.
f. Tu connais les Fables de La Fontaine.
g. Maman porte un beau foulard en soie.

Le groupe nominal

Séance 9

→ Mes rituels quotidiens : page 145

J'observe

Le lourd panier en osier est rempli de légumes.

article – adjectif – nom noyau – complément du nom : groupe nominal

▼ Le lourd panier en osier est un groupe nominal.
Son nom noyau est panier.

▶ Un groupe nominal est un ensemble de mots assemblés **autour d'un nom** qu'on appelle nom noyau.
Il se constitue au minimum d'un **déterminant** et du **nom noyau**.

le panier (article, nom) – le lourd panier (article, adjectif, nom) – le lourd panier en osier (article, adjectif, nom, complément du nom)

▶ Le groupe nominal peut être enrichi d'**adjectifs** et de **compléments du nom**.

▶ L'adjectif s'accorde en genre et en nombre avec le nom noyau.

les lourds paniers en osier (article, adjectif, nom, complément du nom)

1 Identifie le nom noyau et dis comment est constitué le groupe nominal souligné.

a Loïc et ses camarades voyagent à bord d'un train régional.
b Après une longue promenade estivale, les randonneurs se reposent.
c Rémi a rejoint ses amis dans un petit chalet de montagne.
d Les enfants ont été effrayés par le cri strident de l'aigle.
e Mon grand-père fait une délicieuse confiture de mûres.

2 Identifie les groupes nominaux et indique le nom noyau.

a Marcel dessine ses meilleurs souvenirs de vacances.
b Les stations de ski sont ouvertes.
c Les élèves joyeux reprennent le chemin de l'école.
d Nos bons amis du Sud organisent une grande fête d'anniversaire.
e Un immense champ de tournesols longe la ferme de nos cousins.

3 Mets les groupes nominaux soulignés au singulier.

a Ma cousine coud deux magnifiques robes colorées.
b Les voleurs ont volé les précieux colliers de maman.
c J'ai traversé ces campagnes joyeuses et colorées.
d Le jardinier cueille les roses rouges des buissons.
e Nous admirons les meubles sculptés des artisans.

Je cherche le nom noyau pour bien accorder les adjectifs.

4 Complète les noms soulignés par l'adjectif et le complément du nom donnés.

a Mon grand-père nous a offert une boîte. *(beau)* • *(de chocolats)*
b Le maçon a réparé le mur. *(long)* • *(en pierres)*
c Le cycliste sillonne les routes. *(étroit)* • *(du col)*
d L'école accueillera de nombreux élèves. *(nouveau)* • *(du village)*
e La baguette a remporté un prix. *(succulent)* • *(de notre boulangerie)*

5 Mets les phrases suivantes au singulier.

a Les chevreuils traversent les haies touffues et les ruisseaux rapides.
b Les maraîchers vendent leurs récoltes estivales.
c Les enfants obéissants et sages gagnent des bons points.
d Les moniteurs de ski expérimentés rassurent les skieurs débutants.
e Les artistes internationaux signent des autographes.

6 Mets les phrases suivantes au féminin.

a Nos nouveaux voisins emménagent.
b Ce garçon sourd et muet est admirable de courage.
c Les illustres comédiens regagnent les coulisses.
d Le prince charmant apprivoise un tigre blanc.
e Mon oncle paternel discute avec un Anglais très bavard.

À ton tour !

→ **Invente une phrase contenant un groupe nominal comme dans l'exemple.**

Exemple : *déterminant + nom* → ***Le lion*** *rugit dans la savane.*

a *déterminant + nom + adjectif*
b *déterminant + nom + de + complément du nom*
c *déterminant + adjectif + nom + adjectif*

Ce que j'ai appris

Séance 10

Le groupe nominal

- Le groupe nominal est l'ensemble des mots qui entourent le nom noyau.

une	large	malle	en bois
article	*adjectif*	*nom noyau*	*complément du nom*

groupe nominal

Dans le groupe nominal :		
nature	**exemple**	**fonction**
Les articles définis, indéfinis, partitifs	une malle	Ils déterminent le nom.
Les déterminants possessifs	notre malle	
Les déterminants démonstratifs	cette malle	
Les déterminants exclamatifs	Quelle malle !	
Les déterminants interrogatifs	Quelle malle ?	
Les déterminants numéraux cardinaux	six malles	
Les adjectifs numéraux ordinaux	la sixième malle	Ils sont épithètes du nom.
Les adjectifs qualificatifs	une large malle	
Un nom ou un verbe à l'infinitif précédé d'une préposition	une malle en bois	Ils sont compléments du nom.

Les accords particuliers

- Dans les **noms composés**, seuls les noms et les adjectifs s'accordent.

les grands-parents (*adjectif + nom*) • les porte-manteaux (*verbe + nom*)

- Les **adjectifs** se mettent au masculin pluriel lorsqu'ils précisent plusieurs noms de genres différents.

un village et une église anciens

- Les **adjectifs de couleur** sont invariables :

– lorsqu'ils sont composés de plusieurs mots ; → des yeux bleu clair
– lorsque la couleur est exprimée par un nom. → des couvertures marron

Je révise

Séance 11

1 Identifie le nom noyau et dis comment est constitué chaque groupe nominal souligné.

a Cet été, mes voisins louent un grand chalet de montagne.
b Anaïs prépare une tarte aux légumes.
c Mes camarades de classe me font rire.
d Nous assistons à un magnifique concert de jazz.
e Les beaux légumes du potager sont succulents.
f Noah et Brune ont pique-niqué sous un vieux chêne.
g Les livres de Joseph sont très anciens.

2 Indique la nature des mots qui forment le nom composé et mets celui-ci au pluriel.

a un camion-poubelle
b la basse-cour
c un ouvre-boîte
d un sèche-cheveux
e un aide-mémoire
f la belle-mère

3 Dis si les articles soulignés sont des articles partitifs ou définis contractés.

a Alexis prépare du riz au curry.
b Voulez-vous du lait dans votre thé ?
c Damien se sert du pinceau de son ami.
d Paul a besoin du compas.
e Ma tante prend du thé ou du café après son déjeuner.

4 Complète par le déterminant interrogatif ou exclamatif qui convient.

a … enquêtes dirige le policier ?
b … voyage, il m'a semblé interminable !
c … enfants mangent à la cantine ?
d … église bien restaurée !
e … coins de France n'avez-vous pas visités ?

5 **Complète les phrases suivantes par un déterminant numéral cardinal écrit en lettres.**

a Le piano a *(88)* touches.

b Un plateau d'échecs a *(64)* cases.

c Van Gogh a peint plus de *(2 000)* toiles.

d Quentin a récolté plus de *(280)* signatures pour sa pétition.

6 **Accorde les adjectifs entre parenthèses.**

a Posez vos crayons *(bleu)* sur votre feuille *(blanc)*.

b Gaspard et Alma, *(bavard)* et *(étourdi)*, ont raté leur arrêt de bus.

c Mon petit frère est né, il a les yeux *(noisette)* et les cheveux *(brun)*.

d Mon oncle préfère les chaussettes *(vert clair)*.

7 **Complète par le comparatif qui convient (supériorité, égalité, infériorité).**

a Jean mesure cent-quarante-cinq centimètres, Oscar cent-quinze centimètres et Élodie cent-trente centimètres.
- Jean est *(grand)* que Oscar.
- Élodie est *(petite)* que Jean.
- Oscar est *(grand)* que Élodie.

b Amélie a cent euros, Aurélie cinquante euros, Jules et Jean vingt-cinq euros chacun.
- Aurélie est *(riche)* que Jean.
- Aurélie est *(riche)* qu'Amélie.
- Amélie est *(riche)* que Aurélie, Jules et Jean réunis.

8 **Mets les phrases suivantes au singulier.**

a Les présidents prennent des décisions importantes avec les ministres.

b Les garagistes experts réparent d'anciennes voitures.

c Dans les avions, les hôtesses proposent des plateaux-repas aux voyageurs.

d Les danseuses accomplissent des entrechats élégants.

9 **Analyse les mots ou groupes de mots soulignés.**

Pour son <u>douzième</u> anniversaire, Arthur aimerait <u>une</u> salade <u>de fruits</u>. <u>Quel</u> bon dessert accompagné de biscuits <u>de Bretagne</u> ! Grand-mère rajoutera <u>trois</u> pommes et <u>du</u> sucre vanillé. C'est sa <u>meilleure</u> recette.

Unité 2 Autour du verbe

Le temps du verbe

Séance 12

→ Mes rituels quotidiens : **page 146**

J'observe

La jument léchait son poulain.

▼ Léchait, c'est le verbe ***lécher*** au passé.

La jument lèche son poulain.

▼ Lèche, c'est le verbe ***lécher*** au présent.

La jument léchera son poulain.

▼ Léchera, c'est le verbe ***lécher*** au futur.

▶ Le présent indique que l'action a lieu **au moment** où l'on parle.

▶ Le passé indique que l'action a lieu **avant le moment** où l'on parle.

▶ Le futur indique que l'action a lieu **après le moment** où l'on parle.

▶ Si le verbe est exprimé par **un seul mot**, on dit qu'il est à un temps simple. Les temps simples sont utilisés lorsque l'action dure dans le temps.

Le cheval galopait dans le pré.

▶ Si le verbe est exprimé par **plusieurs mots**, on dit qu'il est à un temps composé. Les temps composés sont utilisés lorsque l'action est terminée.

Le cheval a galopé dans le pré.

auxiliaire ***avoir*** — *participe passé*

1 Identifie les verbes et indique s'ils sont au passé, au présent ou au futur.

a Papa achètera le pain et le fromage.
b Le cavalier remporte sa première victoire.
c Nous apprécions cette belle randonnée en montagne.
d Le train entrait en gare dans un vacarme assourdissant.
e Le mécanicien a démonté toute la voiture pour trouver la panne.
f Tu attendras patiemment le signal de départ.

2 **Identifie les verbes et indique s'ils sont à un temps simple ou à un temps composé.**

a À chaque rentrée, les enfants choisissaient leurs activités sportives.
b Sans eau, mes fleurs faneront rapidement.
c Les oisillons sont sortis de leur nid.
d Le clocher de l'église indique 16 heures.
e Vous avez reçu un colis de votre grand-mère.

Je me souviens : l'infinitif sert à nommer le verbe. Il est **invariable**.

3 **Identifie les verbes et indique leur infinitif.**

a Les pompiers ont circulé malgré les embouteillages.
b J'ai marché jusqu'à la boulangerie.
c Antoine a vécu six ans en Bourgogne.
d Les scientifiques ont découvert une nouvelle espèce d'araignée.
e Nous avons pris un solide petit-déjeuner.

4 **Mets les phrases au présent, puis au futur.**

a Gaspard a rangé les livres dans sa bibliothèque.
b Nous avons joué aux cartes toute la soirée.
c La neige tombait, il faisait froid ce soir-là.
d Le professeur expliquait les consignes quand la cloche a sonné.
e Les promeneurs admiraient le magnifique panorama.

5 **Complète chaque phrase par un verbe de ton choix à un temps du passé.**

a Le joueur de tennis … .
b La France … .
c Guillaume … .
d Le pianiste … .
e Le professeur … .
f Les ours polaires … .

Les temps du passé que je connais sont l'**imparfait** et le **passé composé**.

6 **Analyse les verbes soulignés comme dans l'exemple.**

Exemple : Claire a couru pour rattraper le bus.
*→ verbe **courir**, 3e groupe, passé composé*

a Le chaton aime les caresses de son jeune maître.
b Ce peintre célèbre a exposé ses dernières œuvres à Paris.
c Les élèves du siècle dernier travaillaient le mercredi.
d Mon grand-père aimait beaucoup cet air d'opéra.
e Les ouvriers termineront le chantier demain.
f La bibliothèque ouvrira samedi prochain.

La personne du verbe

Séance 13

→ Mes rituels quotidiens : **page 146**

J'observe

Le poulain est né ce matin.

Il est tout petit.

▼ Le poulain, c'est la 3e personne du singulier il.

▶ Le verbe se conjugue avec **trois personnes** :

- la première personne : celle qui parle.
  J'aime les chevaux. Nous aimons les chevaux.
- la seconde personne : celle à qui l'on parle.
  Tu aimes les chevaux. Vous aimez les chevaux.
- la troisième personne : celle de qui l'on parle.
  Il aime les chevaux. Ils aiment les chevaux.

▶ Les pronoms personnels sujets, qui peuvent remplacer le nom sujet, distinguent les différentes personnes.

sujet	singulier	pluriel
1re personne	je	nous
2e personne	tu	vous
3e personne	il, elle	ils, elles

1 Indique la personne et le nombre des pronoms sujets suivants.

a tu
b il
c elles
d nous
e vous
f ils
g je
h elle

2 Indique le pronom personnel sujet correspondant aux personnes suivantes.

a 3e personne du féminin singulier
b 2e personne du singulier
c 3e personne du masculin pluriel
d 2e personne du pluriel
e 1re personne du singulier
f 3e personne du féminin pluriel
g 3e personne du masculin singulier
h 1re personne du pluriel

3 **Indique la personne pour chaque pronom personnel sujet souligné.**

a Vous préférez jouer aux cartes.
b Tu as pris ton cahier de brouillon.
c Je prendrai le train de 18 h 12.
d Elles n'aiment pas le chocolat.

4 **Indique la personne des sujets soulignés.**

a Grégoire et moi irons manger une gaufre.
b Les équipes de volley-ball préparent le championnat.
c Hier, Martin a perdu une dent de lait.
d Un troupeau de sangliers a traversé le champ.

5 **Identifie le verbe et indique sa personne.**

a Nous regarderons les étoiles.
b Les avions décollent de la piste.
c J'ai rangé ma chambre.
d Léa et toi coloriez le dessin.

6 **Complète chaque phrase avec un pronom personnel sujet à la personne indiquée.**

a *1re personne du pluriel* … promenons le chien dans la forêt.
b *3e personne du singulier* … chantera lors du spectacle de l'école.
c *2e personne du singulier* … vas en Bretagne pour les vacances.
d *3e personne du pluriel* … aboient au passage des cyclistes.
e *2e personne du pluriel* … essuyez la vaisselle.
f *1re personne du singulier* … cours moins vite que toi.

7 **Remplace les groupes nominaux soulignés par un pronom personnel à la personne qui convient.**

a Papa et Maman organisent les vacances d'été.
b Manon et toi êtes de vrais artistes.
c La jument gambade dans le pré.
d Mes amis et moi préparons une surprise.

8 **Analyse les mots soulignés comme dans l'exemple.**

Exemple : Les ouvriers rénovent le château avec soin.
*→ verbe **rénover**, 1er groupe, présent, 3e personne du pluriel*

a Tous les matins, je fais mon lit.
b Ce professeur explique la consigne aux élèves.
c Théo et toi partez en tête de la course.
d Les fillettes découvrent la vie à la campagne.

Je me souviens : pour analyser un verbe, je donne son infinitif, son groupe, son temps et sa personne.

Verbe d'action, verbe d'état et auxiliaire

Séance **14**

→ Mes rituels quotidiens : **page 146**

J'observe

Le cavalier soigne le poulain.

▼ Soigne, c'est le verbe d'action ***soigner***.

La jument est dans l'écurie.

▼ Est, c'est le verbe d'état ***être***.

▶ Tous les verbes sont :

- soit des verbes d'action quand ils indiquent **une action**.
Ce sont les verbes le plus nombreux.
Le cavalier soigne le poulain.

- soit des verbes d'état quand ils expriment **une manière d'être** ou **un changement d'état**.
Les principaux verbes d'état sont : ***être***, ***paraître***, ***sembler***, ***devenir***, ***demeurer***, ***rester***.
Ils mettent généralement en relation le sujet avec un nom ou un adjectif **attributs** (séance 24, page 54).
Iris est heureuse. • Nicolas deviendra cavalier.

▶ Les verbes ***être*** et ***avoir*** sont aussi utilisés pour **former les temps composés** des verbes.
On les appelle alors auxiliaires : ils « aident » à former le temps composé.
Iris et Nicolas sont venus à l'écurie. • Ils ont assisté à la naissance du poulain.

1 Identifie le verbe et indique s'il exprime un état ou une action.

a. Thomas paraît fatigué.
b. Les voitures roulent trop vite sur cette route.
c. Les élèves restent sages pendant la lecture.
d. Vous participez au concours de poésie.
e. L'explorateur navigue à travers les océans.
f. Le professeur félicite Marie pour sa dictée sans faute.

2 **Identifie le verbe, indique s'il exprime un état ou une action, puis donne son temps.**

a) Vous arrosiez les plantes chaque soir.
b) Les vacances semblent trop courtes.
c) Ce poulain deviendra un beau cheval.
d) Tu restes à la maison ce soir.
e) J'apprendrai mes leçons.
f) Nous étions absents hier.

3 **Identifie le verbe d'état, puis indique son infinitif.**

a) À la fin du match, ils sont fatigués.
b) Ce musicien devient une célébrité.
c) Avec tes amis, tu es farceur.
d) Léa paraît soucieuse.

4 **Indique si être est utilisé comme verbe d'état ou comme auxiliaire.**

a) Nous sommes partis à la plage.
b) Les lions sont des fauves.
c) Le beurre est dans le réfrigérateur.
d) Claire est tombée dans la cour.

5 **Indique si avoir exprime la possession ou s'il est utilisé comme auxiliaire.**

a) Mathilde a un beau vélo rouge.
b) La pluie a inondé la cave.
c) Les pêcheurs ont attrapé de belles prises.
d) Tu as un frère et une sœur.
e) Les moutons ont suivi le berger.

Avoir est soit un auxiliaire, soit un verbe qui exprime la possession.

6 **Complète les phrases suivantes par un verbe d'action.**

a) Le gardien ... le ballon.
b) L'avion ... le ciel.
c) Papa ... la pelouse.
d) Mon chien ... après le facteur.

7 **Complète les phrases suivantes par un verbe d'état.**

a) Notre voisin ... absent.
b) Manon ... à sa sœur.
c) Mes cousins ... ingénieurs.
d) Le chat de ma tante ... vieux.

8 **Analyse les verbes soulignés comme dans l'exemple.**

Exemple : Les enfants préparent un gâteau.
*→ verbe **préparer**, verbe d'action du 1er groupe, 3e personne du pluriel du présent*

a) Les joueurs terminent leur partie.
b) Le lézard demeure immobile au soleil.
c) Les enfants restent à la maison tout l'après-midi.
d) Nous lisons ce texte avec facilité.

Le verbe pronominal

Séance 15

→ Mes rituels quotidiens : page 146

J'observe

Le poulain se relève.

▼ Se relève, c'est le verbe pronominal ***se relever***.

▶ Un verbe pronominal est un verbe qui est précédé d'un pronom personnel appelé **pronom réfléchi** (séance 27, page 60). → Tu **te** coiffes.

▶ Un pronom réfléchi est un **pronom personnel** de même personne que le sujet. Les pronoms réfléchis sont :

sujet	singulier	pluriel
1re personne	me	nous
2e personne	te	vous
3e personne	se	se

Nous **nous** promenons dans les bois.
*verbe **se promener***

Ils **se** parlent à voix basse.
*verbe **se parler***

1 Identifie les verbes pronominaux et indique leur infinitif.

a Les acteurs se préparent pour le spectacle.
b Le bruit se propage dans l'air.
c Tu te présentes au concours.
d Je me regarde dans le miroir.
e Vous vous retournez soudainement.
f La météo se dégrade rapidement.

2 Identifie les pronoms réfléchis et indique leur personne.

a Le chien se réfugie dans sa niche.
b Vous vous partagez les frites.
c Tu te brosses les dents matin et soir.
d Les oiseaux se dispersent dans le ciel.
e Nous nous retrouvons à 17 heures.
f Je me cache sous mon lit.

3 Complète par le pronom réfléchi qui convient.

a. Je ... demande qui viendra à mon anniversaire.
b. Nous ... répondons par messages codés.
c. Les danseuses ... penchent avec grâce.
d. Tu ... lèves de bonne humeur ce matin.
e. Vous ... imaginez médecins plus tard.
f. Ma sœur ... promène en trottinette dans le parc.

4 Mets les sujets au pluriel et accorde les verbes.

a. Je m'évade par la pensée en regardant les nuages.
b. Elle se prépare pour la fête.
c. Tu t'enfuis devant le chien du voisin.
d. La randonneuse se méfie des sangliers de cette forêt.
e. Tu te blottis sous une couette douillette.
f. Le chevalier s'agenouille devant le seigneur.
g. Le chat se lave soigneusement.

5 Complète chaque phrase par un verbe pronominal.

Exemple : La petite fille ... les cheveux.
→ La petite fille se coiffe les cheveux.

a. L'ours ... les babines devant la ruche sauvage.
b. L'avion ... en douceur sur la piste.
c. Mon chat ... au soleil dans le jardin.
d. Mon cahier ... dans le tiroir de mon bureau.
e. Tu es souple : tu ... en tailleur sans difficulté.
f. Les joueurs ... le ballon pour faire des passes.

6 Analyse les verbes soulignés comme dans l'exemple.

Exemple : Les enfants se partagent le gâteau.
*→ verbe pronominal **se partager**, 1er groupe, présent, 3e personne du pluriel*

a. La baignoire se remplit rapidement.
b. Nous nous entraînons pour le match.
c. Tu te couches à vingt heures.
d. Je me lave soigneusement les mains après le jardinage.
e. La lune se reflète dans l'eau calme du lac.
f. Vous vous réjouissez de vos résultats.

Ce que j'ai appris

Séance 16

Le temps du verbe

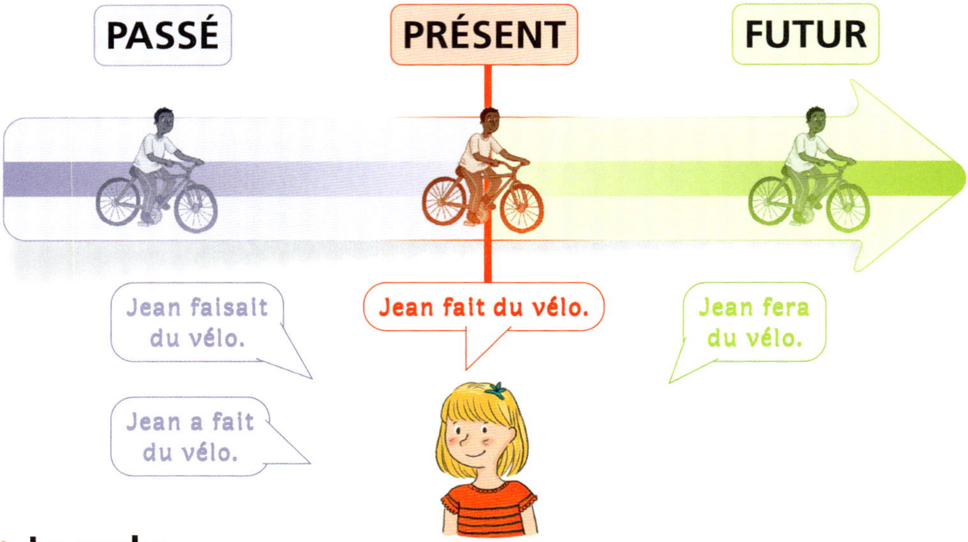

Le verbe

VERBES

- **VERBES D'ACTION**
  - **faire** • chanter • partir • vouloir • courir • respirer
  - **VERBES PRONOMINAUX**
    - se promener • se laver • se demander
- **VERBES D'ÉTAT**
  - **être**
  - demeurer
  - rester
  - devenir
  - paraître
  - sembler

AUXILIAIRES

- **aident à former les temps composés**
  - **être**
  - **avoir**

Les pronoms personnels

le pronom sujet	singulier	pluriel
1re personne	je	nous
2e personne	tu	vous
3e personne	il, elle	ils, elles

le pronom réfléchi	singulier	pluriel
1re personne	me	nous
2e personne	te	vous
3e personne	se	se

Je révise

Séance 17

1 Indique si les verbes sont au passé, au présent ou au futur.

a La fusée spatiale atterrira à 15 h 18, d'après les ingénieurs.
b Les feux d'artifice illuminaient les fêtes de Versailles.
c Les agriculteurs arrosent leurs champs pour sauver les récoltes.
d Les randonneurs ont pu franchir le col avant l'arrivée de l'orage.
e Apprendrons-nous les tables de multiplication cette année ?

2 Indique l'infinitif des verbes.

a Les spectateurs ont applaudi dès les dernières notes de piano.
b Inès et toi vous retrouvez en Normandie tous les étés.
c Les trains auront du retard à cause des travaux.
d Heureusement, le plombier a trouvé la fuite.
e Les tournesols se tournent toujours vers le soleil.
f Le facteur a déposé un colis pour Maman.

3 Indique la personne des sujets soulignés.

a Maman et moi faisons un puzzle de cinq-cents pièces.
b Amélie et Yanis se sont mariés cet été.
c La petite chatte de mes voisins est un animal très peureux.
d Demain, mes sœurs et mes cousines partiront en colonie de vacances.
e Tes cousins, Louis et toi ferez partie de la première équipe.
f Mon amie Julie a un joli jardin fleuri.

4 Complète chaque phrase par un sujet à la personne indiquée.

a *1re personne du singulier* … ramasse des coquillages sur la plage.
b *3e personne du pluriel* … iront au restaurant ce soir.
c *2e personne du pluriel* … connaissez votre poésie par cœur.
d *3e personne du singulier* … voyage de préférence en train.
e *2e personne du singulier* … as cassé mon vélo.
f *1re personne du pluriel* … regardons un film passionnant.

5 **Identifie le verbe et indique s'il exprime un état ou une action.**

a Baptiste paraît très concentré.
b Louise vérifie l'état de son aquarium.
c Ces boutons de roses deviendront des fleurs magnifiques.
d Mon chien dort roulé en boule dans sa niche.
e Ce lion semble terrifiant !

6 **Indique si être et avoir sont utilisés comme verbes ou comme auxiliaires.**

a Vous avez dressé le couvert dans la salle à manger.
b L'alpiniste est enfin arrivé au sommet de ce glacier.
c Nous serons bientôt collégiens.
d Oncle Oscar avait deux sœurs et un frère.
e Les hirondelles sont revenues avec le printemps.

7 **Complète chaque phrase par le pronom réfléchi qui convient.**

a Nous ... couchons de bonne heure.
b Je ... dépêche de rassembler toutes mes affaires.
c Vous ... promenez souvent dans cette forêt.
d Tu ... préparais à présenter une petite pièce de théâtre.
e Vous ... consacrez entièrement à votre passion.

Identifie le verbe de chaque phrase et indique :

- **son infinitif ;**
- **son groupe ;**
- **son temps ;**
- **sa personne ;**
- **s'il est un verbe d'état ou un verbe d'action ;**
- **s'il est pronominal.**

a Je me brossais les dents.
b Tu te lèves vite.
c Léa et moi traverserons la rue.
d La porte a claqué.

À ton tour !

→ **À partir de la grande image page 29, trouve au moins quatre verbes pronominaux.**

Unité 3

Le présent et le futur de l'indicatif

Le présent de l'indicatif

Séance 18

→ Mes rituels quotidiens : **page 147**

J'observe

Les enfants jouent au ballon.

Nicolas joue au ballon.

▼ Joue et jouent, c'est le verbe ***jouer*** au présent.

▶ Les valeurs du présent

Le verbe est conjugué au présent de l'indicatif :

- pour indiquer que l'état ou l'action se déroule **au moment où l'on parle**.
C'est le présent d'énonciation.
Nous lisons notre manuel.

- pour indiquer que l'état ou l'action **se répète**.
C'est le présent d'habitude.
Tous les étés, nous venons au bord de la mer.

- dans les **proverbes**, les **dictons**, les **textes scientifiques**.
C'est le présent de vérité générale.
Le soleil se lève à l'est.

Je me souviens : les verbes se classent en 3 groupes. Les verbes du 1er groupe font leur infinitif en **-er**.

Les verbes du 2e groupe font leur infinitif en **-ir** et ont un radical en **-iss-** au pluriel.
nous finissons

Le 3e groupe rassemble tous les autres verbes.

▶ Le verbe ***chanter*** au présent de l'indicatif

sujet	singulier	pluriel
1re personne	je chante	nous chantons
2e personne	tu chantes	vous chantez
3e personne	il, elle chante	ils, elles chantent

1 Identifie les verbes, donne leur infinitif et indique la valeur du présent.

a Le chien est un mammifère.
b Nous étudions la conjugaison du présent.
c Rien ne sert de courir, il faut partir à point.
d La classe travaille en silence.
e Le soleil se couche à l'ouest.

2 **Conjugue les expressions au présent de l'indicatif à toutes les personnes.**

a marcher rapidement
b grandir vite
c écouter attentivement
d rire aux éclats
e être grand
f avoir froid

3 **Complète chaque phrase par le verbe au présent de l'indicatif.**

a *(colorier)* Vous ... avec soin.
b *(rougir)* Les tomates ... au soleil.
c *(jouer)* Tu ... à la marelle pendant chaque récréation.
d *(applaudir)* Les spectateurs enthousiastes ... à la fin de la pièce.
e *(déguster)* Nous ... une bonne crêpe au chocolat.
f *(guérir)* Les plantes ... certaines maladies.

4 **Complète chaque phrase par le verbe au présent de l'indicatif.**

a *(revenir)* Les élèves ... de leur séjour au ski.
b *(prendre)* Je ... le temps de préparer mes affaires.
c *(pouvoir)* Elle ... réciter l'alphabet à l'envers.
d *(faire)* Vous ... les cent pas en attendant le bus.
e *(aller)* Tu ... dans la cour de récréation.
f *(vouloir)* Nous ... ce nouveau livre.
g *(être)* Tom et toi ... impatients de vous voir.

Pour les verbes du 3e groupe, je consulte les tableaux de conjugaison à la fin du manuel.

5 **Identifie chaque verbe, puis analyse-le comme dans l'exemple.**

Exemple : Vous finissez vos exercices.
*→ verbe **finir**, verbe d'action du 2e groupe, 2e personne du pluriel du présent de l'indicatif*

a Je souligne tous les verbes en rouge.
b Les fauves obéissent à leur dompteur.
c Vous dites toujours la vérité.
d Nous sommes impatients.
e Prends-tu du beurre avec ton pain ?
f Les charpentiers travaillent sur le toit.
g En été, le bûcheron scie du bois pour l'hiver.

À ton tour !

→ **Invente une phrase avec chacune des trois valeurs du présent.**

Quelques verbes particuliers du 1er groupe

Séance 19

→ Mes rituels quotidiens : **page 147**

J'observe

Nous nageons dans les vagues.

Nous lançons le ballon.

Nous naviguons sur un beau voilier.

Le vent balaie les nuages.

▶ Certains verbes du 1er groupe ont une orthographe particulière au présent de l'indicatif.
- Les verbes terminés par -cer prennent une cédille devant **-ons** pour conserver le son « s ».
- Les verbes terminés par -ger gardent le **-e-** devant **-ons** pour conserver le son « j ».
- Les verbes terminés par -guer s'écrivent **-gu-** à toutes les personnes, même devant **-ons**.

Nous navig**u**ons sur un beau voilier.

▶ Aux personnes du singulier et à la 3e personne du pluriel, les verbes terminés par -yer remplacent le **-y-** par **-i-** devant un **-e-** muet.

Le vent bala**i**e les nuages. Les rafales de vent bala**i**ent les nuages.

1 Conjugue les expressions au présent de l'indicatif à toutes les personnes.

a broyer des graines
b balancer ses jambes
c plonger dans la piscine
d tanguer sur l'océan

2 Complète chaque phrase par le verbe au présent de l'indicatif.

a *(lancer)* La voisine ... un bâton à son chien.
b *(froncer)* En colère, vous ... les sourcils.
c *(bercer)* Tu ... ton petit frère pour l'endormir.
d *(rincer)* Nous ... nos cheveux avec soin.

3 **Complète chaque phrase par le verbe au présent de l'indicatif.**

a *(changer)* Elles ... de vêtements pour faire du sport.
b *(bouger)* Pierre et moi ... nos bras dans tous les sens.
c *(ranger)* À la fin du cours de gymnastique, nous ... le matériel.
d *(manger)* Les enfants ... avec appétit.

4 **Complète chaque phrase par le verbe au présent de l'indicatif.**

a Les attaquants *(fatiguer)* leurs adversaires.
b Le capitaine *(larguer)* les amarres.
c Nous *(dialoguer)* avec nos voisins.
d Tu *(distinguer)* à peine la maison à cause du brouillard.

5 **Complète chaque phrase par le verbe au présent de l'indicatif.**

a Tu *(essuyer)* la vitre couverte de buée.
b Mes parents *(déblayer)* la neige tombée durant la nuit.
c Mon chien *(aboyer)* quand le facteur passe.
d Vous *(balayer)* le sol de la classe.

6 **Mets le sujet au pluriel et accorde le verbe au présent de l'indicatif.**

a Tu conjugues le verbe « être » au présent.
b Je trace les traits avec une règle.
c Il essaie un nouveau pantalon.
d Je mélange les œufs, le sucre, puis la farine.

7 **Mets le sujet au singulier et accorde le verbe au présent de l'indicatif.**

a Vous rayez les mots au stylo bleu.
b Elles échangent des timbres rares.
c Les portes du vieux manoir grincent affreusement.
d Nous payons ce puzzle avec notre argent de poche.

8 **Identifie chaque verbe, puis analyse-le comme dans l'exemple.**

Exemple : Nous devançons nos poursuivants.
*→ verbe **devancer**, verbe d'action du 1er groupe, 1re personne du pluriel du présent de l'indicatif*

a L'armée déploie ses troupes.
b Les déménageurs déplacent le canapé.
c Les vignerons vendangent avant l'orage.
d Je vouvoie mon professeur.

Le futur

Séance 20

J'observe

→ Mes rituels quotidiens : **page 147**

Le soleil va apparaître.
aller au présent — *verbe à l'infinitif*

Le vent chasse|ra les nuages.
radical — *terminaison du futur*

Il existe deux manières d'exprimer une action ou un état qui ne s'est pas encore produit.

▶ Le futur proche est utilisé pour exprimer un état ou une action qui est **sur le point de débuter**. Il est formé du verbe ***aller*** au présent suivi du verbe à l'infinitif. On dit alors que ***aller*** est un **semi-auxiliaire**.

Je me souviens : **aller** est généralement utilisé comme verbe de mouvement.
Je vais à l'école.

▶ Le futur simple permet d'exprimer un état ou une action qui aura lieu **après le moment où on l'exprime**.
Les terminaisons du futur simple sont identiques pour tous les verbes.

sujet	verbes du 1er groupe **chanter**		verbes du 2e groupe **finir**	
	singulier	pluriel	singulier	pluriel
1re personne	chanterai	chanterons	finirai	finirons
2e personne	chanteras	chanterez	finiras	finirez
3e personne	chantera	chanteront	finira	finiront

1 Indique si aller est utilisé comme verbe de mouvement ou comme semi-auxiliaire.

a. Nous allons au cinéma vendredi soir.
b. Les gourmands vont se régaler.
c. Tu vas à droite, puis tout de suite à gauche.
d. Vous allez dîner dans dix minutes.
e. Les cigognes vont jusqu'en Alsace.

2 **Identifie le verbe, puis indique s'il est au futur simple ou au futur proche.**

a Le froid de l'automne va arriver soudainement.
b Nous participerons à ce concours.
c Vous franchirez la frontière en fin de journée.
d Les chanteurs vont entrer en scène.
e La partie va bientôt s'achever.
f Vous voyagerez en train puis en avion.

Pour conjuguer les verbes des 1er et 2e groupes au futur simple, je peux m'aider de l'infinitif. chanter ➜ je chanterai.

3 **Conjugue les expressions au futur proche, puis au futur simple à toutes les personnes.**

a manger une glace
b ralentir la course
c se coucher tôt
d finir l'exercice

4 **Complète chaque phrase par le verbe au futur simple.**

a *(jouer)* Marion ... le rôle de la sorcière.
b *(crier)* Les supporters ... avec ardeur.
c *(obéir)* Le cheval bien dressé ... à son cavalier.
d *(nettoyer)* Vous ... soigneusement votre ardoise.
e *(réciter)* Nous ... une nouvelle poésie.

Les verbes particuliers du 1er groupe au présent (séance 20) ont les mêmes particularités au futur à toutes les personnes.

5 **Identifie le verbe de chaque phrase et mets-le au futur simple.**

a Cet acteur finit son spectacle tard dans la nuit.
b Théo et toi parlez avec le professeur.
c La directrice passe dans toutes les classes.
d Les jumeaux se lavent soigneusement les dents avant de se coucher.
e Nous mangeons de délicieuses lasagnes.

6 **Identifie chaque verbe, puis analyse-le comme dans l'exemple.**

Exemple : Le jardinier taillera les arbres de l'école.
*➜ verbe **tailler**, verbe d'action du 1er groupe, 3e personne du singulier du futur simple*

a Les sauveteurs agiront avec précision et efficacité.
b Émile cuisinera ses bonnes lasagnes.
c À l'adolescence, vous grandirez d'un seul coup.
d Nous lirons ce texte de lecture avec facilité.
e Tu organiseras une fête pour ton anniversaire.

Le futur simple des verbes du 3e groupe

Séance 21

→ Mes rituels quotidiens : page 147

J'observe

Nos cousins viendront à la plage.
viend : radical — ront : terminaison du futur

▼ Viendront, c'est le verbe ***venir*** au futur simple.

▶ Les verbes du 3e groupe sont irréguliers : leur radical est variable.

▶ Les terminaisons du futur simple sont les mêmes que pour les 1er et 2e groupes.

verbes du 3e groupe	futur
être	je serai
avoir	j'aurai
aller	j'irai
pouvoir	je pourrai
faire	je ferai
voir	je verrai
vouloir	je voudrai
venir	je viendrai

Je peux consulter les tableaux de conjugaison à la fin du manuel.

1 Conjugue chaque verbe au futur simple à toutes les personnes.

a vouloir b être c avoir d aller

2 Conjugue chaque expression au futur simple à toutes les personnes.

a voir des amis
b parler fort
c venir à la fête
d réussir l'exercice
e faire de son mieux
f pouvoir chanter

Les terminaisons du futur sont les mêmes pour tous les verbes.

3 **Indique le temps des verbes soulignés.**

a Les pirates prendront le trésor de la frégate espagnole.
b Papa et toi allez acheter du fromage.
c Mon petit frère vient dans ma chambre.
d Nous reverrons nos cousins cet été.
e Tu seras sage avec la remplaçante de la maîtresse.

4 **Complète chaque phrase par le verbe au futur simple.**

a *(vouloir)* Je ... une glace à la pistache.
b *(aller)* Nous ... à la plage après le marché.
c *(revenir)* Les hirondelles ... au printemps.
d *(prendre)* Vous ... votre temps pour terminer.
e *(voir)* Tu ... ta cousine cet hiver.
f *(avoir)* En cas de victoire, l'équipe ... une belle récompense.

5 **Identifie le verbe et son temps, puis mets au futur simple les verbes qui sont au futur proche.**

a Je viendrai après les cours.
b Les loups vont attaquer.
c Vous irez chez votre tante en Alsace.
d Le soleil va réapparaître après l'orage.
e Vous prendrez le train puis l'avion.
f Le serveur va apporter notre plat.

6 **Identifie chaque verbe, puis analyse-le comme dans l'exemple.**

Exemple : Jeanne prendra le bus pour rentrer.
*→ verbe **prendre**, verbe d'action du 3e groupe, 3e personne du singulier du futur simple*

a Après notre arrivée, nous déferons nos bagages.
b Émile deviendra cuisinier.
c Les accusés diront peut-être la vérité.
d Je me laverai soigneusement les mains après le jardinage.
e Vous serez absents demain matin.

À ton tour !

→ **Invente une phrase avec un verbe d'action au futur simple à la 3e personne du pluriel.**

Ce que j'ai appris

Séance 22

Le présent de l'indicatif

Le **présent d'énonciation** :

Je choisi|s un livre passionnant.

radical *terminaison du présent*

Le **présent d'habitude** :

Chaque jeudi, nous dans|ons.

radical *terminaison du présent*

Le **présent de vérité générale** :

Le soleil se lèv|e à l'est.

radical *terminaison du présent*

Le futur

Le **futur proche** : l'action va bientôt avoir lieu.

Je vais déjeuner dans quelques minutes.

aller *au présent* *verbe à l'infinitif*

Le **futur simple** : l'action aura lieu dans l'avenir.

Dimanche, je déjeune|rai chez ma grand-mère.

radical *terminaison du futur*

Je révise

Séance 23

1 Identifie le temps de chaque verbe et justifie son emploi.

a Un et un font deux.
b Nous allons nous brosser les dents dès la fin du repas.
c Hugo se lève tous les matins à sept heures pour aller à l'école.
d Mon frère Emmanuel entrera au collège l'an prochain.

2 Identifie chaque verbe et indique son infinitif.

a Laure ne veut pas de céréales au chocolat.
b Mon chien se reposera dans sa niche après cette longue promenade.
c Demain, je reverrai enfin mes camarades de classe.
d Vous dites des plaisanteries pour faire rire vos petites cousines.

3 Complète chaque phrase par un sujet qui convient.

a … va rentrer la voiture dans le garage.
b … traverseront toute la ville sur un char somptueux.
c … bouges dans tous les sens en dormant.
d … planterons des salades et des tomates chez grand-mère.

4 Mets le sujet de chaque phrase au singulier et accorde le verbe.

a Vous allez au musée avec la classe.
b Nous obéissons aux instructions du chef d'orchestre.
c Les jardins de ce château sont somptueux.
d Les directeurs prennent les décisions après de longues discussions.

5 Complète chaque phrase par le verbe au futur simple.

a *(pouvoir)* Marie … participer au championnat régional d'échecs.
b *(avoir)* Les meilleurs élèves … de belles récompenses.
c *(revenir)* Les scouts … sales, fatigués mais heureux de leur camp.
d *(aller)* Nous … au grenier grâce à cette vieille échelle.
e *(crier)* Lors du prochain match, tu … à en perdre la voix !

Mon projet d'écrivain

J'écris au présent et au futur.

1 Relève dans le texte les verbes et mets-les au futur.

Les flocons tombent pour le bonheur des enfants. Une bande d'écoliers fait un imposant bonhomme de neige. Les enfants ramassent de la neige, pétrissent une grosse boule. Ils bombardent ensuite le bonhomme de boules qui voltigent. Notre troupe crie, hurle, se roule dans la poudreuse, lutte contre le froid. Ils sont joyeux.

D'après Jules Renard

2 Avec des mots pris ci-dessous, forme oralement cinq phrases.

Exemple : De légers flocons de neige voltigent en tourbillonnant.

flocons – *neige* – *silence* – *froid*

léger – *étincelant* – *immaculé* – *ample* – *profond* – *vif* – *glacial*

tomber – *voltiger* – *parer* – *s'accumuler* – *scintiller*

s'étendre sur – *geler* – *pénétrer* – *mordre*

3 À ton tour, rédige un texte au présent et au futur.

Iris et Nicolas sont en classe. Ils découvrent en regardant par la fenêtre qu'il neige. Ils s'imaginent alors tout ce qu'ils feront à la sortie de l'école.

Écris au présent un paragraphe pour décrire la neige qui tombe et le paysage, puis au futur un paragraphe dans lequel les enfants imaginent ce qu'ils feront dehors (utilise la 1re personne du pluriel).

Les étapes pour être un bon écrivain :
1) **J'évoque** l'histoire dans ma tête.
2) **Je me dis** les phrases dans la tête.
3) **J'écris mes phrases** en me les dictant.
4) **Je relis mes phrases** en vérifiant les accords et les verbes.

Unité 4

Les compléments

L'attribut du sujet

Séance 24

J'observe

→ Mes rituels quotidiens : **page 148**

Iris observe les bouquetins sauvages.

verbe d'état

Elle est attentive.

*attribut du sujet **elle***

verbe d'état

Plus tard, Iris sera vétérinaire.

*attribut du sujet **Iris***

▶ L'attribut du sujet est un mot qui **précise la qualité ou l'état du sujet**. Le sujet et son attribut désignent ou qualifient la même personne, le même animal, la même chose.

▶ L'attribut du sujet est relié au sujet par un **verbe d'état** (séance 14, page 34).

▶ L'attribut du sujet peut être :
- un **nom propre** → Mon voisin **est** Thomas.
- un **groupe nominal** → Mon voisin **est** un musicien merveilleux.
- un **adjectif qualificatif** → Mon voisin **est** gentil.

▶ Pour analyser un attribut du sujet, il faut indiquer :
- sa **nature** ;
- son **genre** et son **nombre** ;
- le **sujet** auquel il se rapporte.

attentive → *adjectif qualificatif, féminin singulier, attribut du sujet **elle***

vétérinaire → *nom commun, féminin singulier, attribut du sujet **Iris***

1 Identifie les attributs du sujet.

a. Les élèves restent calmes.
b. Thomas paraît nerveux.
c. Hugo est un cavalier passionné.
d. Ce livre semble passionnant.
e. Anaïs est une écolière sérieuse.
f. Mon meilleur ami est Julian.

2 Identifie les attributs du sujet et indique leur nature.

a. Les aigles sont des prédateurs.
b. Les tartes semblent prêtes.
c. Ma voisine de table est Éloïse.
d. Nous deviendrons de célèbres auteurs.

3 **Indique si les mots soulignés sont des attributs du sujet.**

a. Ces animaux sont des bouquetins.
b. Les randonneurs marchent rapidement.
c. La marmotte est mignonne mais elle reste un animal sauvage.
d. De loin, l'aigle survole la vallée.
e. La voiture de papa est dans le garage.

4 **Relève les adjectifs et donne leur fonction.**

a. J'ai sali mes belles chaussures neuves.
b. Le persil et le basilic sont des plantes aromatiques.
c. Juliette aime lire les vieux albums de Tintin.
d. Les bons conseils de ma grand-mère seront toujours utiles.
e. La petite Jeanne reste fiévreuse.
f. Le chemin devient boueux.

5 **Complète les phrases par un attribut du sujet de la nature indiquée.**

a. *groupe nominal* Tu deviendras … .
b. *adjectif qualificatif* Les fleurs semblent … .
c. *nom propre* Le gagnant est … .
d. *adjectif qualificatif* Ces livres restent … .
e. *groupe nominal* Je suis … .

6 **Analyse les mots soulignés comme dans l'exemple.**

Exemple : Charles est impatient.
*→ adjectif qualificatif, attribut du sujet **Charles**, masculin singulier*

a. La grammaire est passionnante.
b. La grammaire est ma matière préférée.
c. Pendant la visite du musée, nous restons groupés derrière le guide.
d. Mon oncle préféré est un excellent cuisinier.
e. Les enfants paraissent bien sages.
f. Ce célèbre médecin est très compétent.

À ton tour !

→ **Invente une phrase comportant un groupe nominal attribut du sujet. Ce groupe nominal doit comporter un adjectif qualificatif épithète.**

Le complément d'objet direct

Séance 25

→ Mes rituels quotidiens : page 148

J'observe

Le chien surveille le troupeau.

(verbe : surveille ; complément d'objet direct : le troupeau)

▼ Le troupeau est l'objet de l'action du verbe ***surveiller***.

▶ Le complément d'objet indique la personne, l'animal ou la chose sur laquelle porte l'action.

▶ On parle de complément d'objet direct lorsque le **complément** est **relié directement au verbe**, sans préposition (séance 32, page 70).

▶ Les compléments d'objet directs peuvent essentiellement être :
- des **noms propres** → Iris aime Nicolas.
- des **groupes nominaux** → Iris aime son meilleur ami.
- des **pronoms** (séance 27, page 60) → Iris l'aime.
- des **verbes à l'infinitif** → Iris aime marcher.

▶ Pour analyser un complément d'objet direct, il faut indiquer :
- sa **nature** ;
- son **genre** et son **nombre** (sauf s'il s'agit d'un verbe) ;
- le **verbe** complété.

le troupeau → *groupe nominal (nom noyau : **troupeau**, masculin singulier), complément d'objet direct du verbe **surveille***

1 Identifie les compléments d'objet directs.

a. Tu regardes ton frère.
b. Leila allume une bougie.
c. Le train traverse la plaine.
d. Le courant d'air rafraîchit la pièce.
e. Léo monte un cheval fougueux.
f. Nous aidons nos voisins.

2 **Identifie le complément d'objet direct et indique sa nature.**

a. Maman berce Jeanne.
b. Tes frères et toi aimez chanter.
c. Je tartine ma brioche.
d. La vétérinaire observe les oiseaux migrateurs.
e. Pour aller à Rennes, Charles prend le train.
f. Nous rangeons la salle de bains.

3 **Distingue les attributs du sujet et les compléments d'objet directs.**

a. Elle deviendra chanteuse.
b. Tu ranges tes petites voitures.
c. Antoine préfère lire.
d. Mon chien est turbulent.
e. La campagne paraît calme.
f. Le vent ouvre la porte du garage.

4 **Complète les phrases par un complément d'objet direct de la nature indiquée.**

a. *nom propre* Tu regardes ... en riant.
b. *groupe nominal* Vous achetez ... .
c. *verbe à l'infinitif* Jules et moi voulons ... .
d. *nom propre* Le professeur appelle ... .
e. *verbe à l'infinitif* J'aime ... .
f. *groupe nominal* Les peintres décorent ... .

5 **Complète les phrases par un complément d'objet direct de ton choix.**

a. Les avions traversent ... .
b. La fillette lance ... .
c. La maîtresse corrige ... .
d. Les moustiques piquent ... .
e. Le soleil réchauffe ... .
f. Tu enfiles ... .

6 **Analyse les mots soulignés comme dans l'exemple.**

Exemple : Le garagiste répare la voiture de papa.
*→ groupe nominal (nom noyau : **voiture**, féminin singulier), complément d'objet direct du verbe **répare***

a. J'analyse cette phrase.
b. Ma tante Julie prépare une tarte aux fraises.
c. Mon frère et moi voulons jouer.
d. Claire aide Benoît à résoudre le problème de mathématiques.
e. Les vaches regardent attentivement le train.
f. Charlie dessine un combat de chevaliers.

Le complément d'objet indirect

Séance 26

J'observe

→ Mes rituels quotidiens : **page 148**

Le chien obéit à son maître.
(verbe : obéit ; préposition : à ; complément d'objet indirect : son maître)

▶ Le complément d'objet indirect est relié au verbe par une **préposition** (séance 32, page 70).

▶ Les compléments d'objet indirects peuvent essentiellement être :
- des **noms propres** → Iris parle **à** Nicolas.
- des **groupes nominaux** → Iris parle **à** ses amis d'école.
- des **pronoms** (séance 27, page 60) → Iris parle **à** ses amis. → Iris leur parle.
- des **verbes à l'infinitif** → Iris cherche **à** comprendre.

▶ Pour analyser un complément d'objet indirect, il faut indiquer :
- sa **nature** ;
- son **genre** et son **nombre** (sauf s'il s'agit d'un verbe) ;
- le **verbe** complété ;
- la **préposition** qui l'introduit.

à son maître → *groupe nominal (nom noyau : **maître**, masculin singulier), complément d'objet indirect du verbe **obéit**, introduit par la préposition **à***

1 Identifie le complément d'objet indirect et entoure la préposition.

a. Ma sœur joue à la marelle.
b. Mon voisin se moque de moi.
c. Tu renonces aux bonbons.
d. Le joueur cède à la fatigue.

2 Indique si le complément d'objet souligné est direct ou indirect.

a. Je profite de mes vacances.
b. Tu manges une gaufre.
c. Yanis range son cartable.
d. Élie récite sa poésie à sa maman.

3 **Distingue les compléments d'objet directs, les compléments d'objet indirects et les attributs.**

a. Marie parle de Louis XIV : sa vie est passionnante !
b. Mon oncle aime tous les animaux, il s'intéresse à la faune sauvage.
c. Lucie étudie le violon, mais elle joue aussi très bien du piano.
d. Le maître donne un exercice de conjugaison.
e. Malik téléphone à ses grands-parents.

4 **Indique si les mots soulignés sont des compléments d'objets indirects ou des compléments du nom.**

a. Pour aller dans la cuisine, Léa traverse la salle <u>à manger</u>.
b. Au mois de juin, les élèves rêvent <u>de vacances</u>.
c. Ce pantalon <u>de toile</u> est très sale.
d. Samuel songe déjà <u>à Noël</u>.
e. Tu offres un gros bouquet de fleurs <u>à maman</u>.
f. À la fin de la pièce, l'acteur s'adresse <u>à une spectatrice</u>.

5 **Complète les phrases par un complément d'objet indirect de la nature indiquée.**

a. *groupe nominal* Je songe à … .
b. *verbe à l'infinitif* Le général ordonne de … .
c. *groupe nominal* Tu te souviens de … .
d. *nom propre* Le directeur parle à … .
e. *groupe nominal* La bande de pirates s'attaque à … .

6 **Complète les phrases par un complément d'objet indirect de ton choix.**

a. Ils s'attendent … .
b. Pauline pense … .
c. Maman m'oblige … .
d. Les élèves s'efforcent … .
e. Le prisonnier parvient … .
f. Tu décides … .

7 **Analyse les mots soulignés comme dans l'exemple.**

Exemple : Le jardinier parle <u>de ses plantations</u>.
*➜ groupe nominal (nom noyau : **plantations**, féminin pluriel), complément d'objet indirect du verbe **parle**, introduit par la préposition **de***

a. Mon chien refuse <u>de venir</u>.
b. La maîtresse s'adresse <u>à Charlotte</u>.
c. Nous commençons <u>à jouer</u>.
d. Maxence rêve <u>de chevaliers héroïques</u>.

Le pronom personnel complément d'objet

Séance 27

J'observe

→ Mes rituels quotidiens : page 149

Les moutons suivent le chien.
Les moutons le suivent.

▼ Le chien est complément d'objet direct du verbe ***suivre***.
Le pronom le est complément d'objet direct ; il remplace ***le chien***.

▶ Comme tous les pronoms, le pronom personnel **remplace un nom** ou un groupe nominal. Il prend la **personne**, le **genre**, le **nombre** et la **fonction** du nom qu'il remplace. Le pronom personnel peut donc être sujet ou complément d'objet direct ou indirect.

▶ Les pronoms personnels compléments d'objet :

sujet	complément d'objet direct		complément d'objet indirect	
	singulier	pluriel	singulier	pluriel
1re personne	me	nous	me	nous
2e personne	te	vous	te	vous
3e personne	le – la	les	lui – elle	leur

▶ Le pronom réfléchi, qui est lié aux verbes pronominaux (séance 15, page 36), est complément d'objet du verbe.

Les randonneurs se promènent. *(se : complément d'objet direct)*
Ils se parlent. *(se : complément d'objet indirect)*

▶ Pour analyser un pronom personnel complément d'objet, il faut indiquer :
- sa **nature** ;
- le **nom** ou le groupe nominal qu'il remplace ;
- sa **personne** ;
- son **genre** et son **nombre** ;
- sa **fonction** (complément d'objet direct ou indirect) ;
- le **verbe** complété.

Le pronom personnel **leur** ne prend pas de **s** bien qu'il s'agisse de la 3e personne du pluriel.

1 **Identifie les pronoms personnels compléments d'objet, puis les articles.**

a. Nous le regardons.
b. Vous aimez les haricots.
c. Je joue à la marelle.
d. Tu l'apprécies beaucoup.

2 **Identifie les pronoms personnels compléments d'objet et indique s'ils sont directs ou indirects.**

a La maîtresse me félicite pour mes bons résultats.
b Les voisins sont très gentils, nous les apprécions beaucoup.
c La petite fille s'est blessée, sa maman la console.
d C'est l'anniversaire de ton ami, tu lui offres un livre.

3 **Identifie les pronoms personnels compléments d'objet et indique s'ils sont directs ou indirects.**

a Ils se taquinent. b Tu te regardes. c Je leur parle.

4 **Identifie les pronoms personnels compléments d'objet directs ou indirects et dis quels noms ou groupes ils remplacent.**

a Les agneaux sont affamés, aussi le berger leur donne du lait.
b Mon chien aboie car le facteur lui fait peur.
c J'aime bien ce plat et je le recommande vivement.
d Ma famille et moi visitons ce vieux château; cette visite nous passionne.

5 **Identifie les pronoms personnels et donne leur fonction.**

a Nous leur enverrons une carte postale.
b Sophie aime les glaces, elle les déguste avec délice.
c Les élèves finissent de ranger leur cartable.
d Papa a acheté une vieille pendule, il la déplace délicatement.

6 **Remplace le complément d'objet souligné par un pronom personnel.**

a Monsieur Martin plante les rosiers dans son jardin.
b Le mécanicien répare la moto de mon père.
c Tu parles à tes cousins de Normandie.
d Ce petit garçon ressemble à son papa.

7 **Analyse les mots soulignés comme dans l'exemple.**

Exemple : Nina est réveillée, sa maman lui sourit.
*→ pronom personnel, remplace **Nina**, 3e personne du féminin singulier, complément d'objet indirect du verbe **sourit***

a Papa sort les bagages du garage et les met dans la voiture.
b La maîtresse est satisfaite de ses élèves, elle leur sourit.
c Théo m'a prêté son album, je le feuillette.

Les compléments circonstanciels (1)

Séance 28

→ Mes rituels quotidiens : page 149

J'observe

Ce matin, les randonneurs ont aperçu des bouquetins sur la montagne.

▼ Ce matin est complément circonstanciel de temps.
Sur la montagne est complément circonstanciel de lieu.

▶ Dans une phrase, les compléments circonstanciels apportent des précisions sur les **circonstances** dans lesquelles se déroule l'action.
Les compléments circonstanciels enrichissent la phrase.

▶ Ces précisions peuvent porter sur :

- le **temps**, le moment où se déroule l'action :
le complément circonstanciel de temps ;
Ce matin, ils observent les marmottes.

- le **lieu** où se déroule l'action :
le complément circonstanciel de lieu ;
Ils observent les marmottes en montagne.

- la **manière** dont se déroule l'action :
le complément circonstanciel de manière.
Ils observent attentivement les marmottes.

▶ Les compléments circonstanciels peuvent être :

- des **noms propres** → Elle vit à Paris.
- des **groupes nominaux** → Elle vit dans la ville des lumières.
- des **adverbes** → Elle vit tranquillement.
- des **pronoms** (séance 30, page 66) → Elle y vit.

1 Identifie les compléments circonstanciels et précise l'information apportée : temps, lieu ou manière.

a Les Indiens avancent à pas de loup.
b Le chat ronronne tranquillement.
c Aujourd'hui, j'ai rangé ma chambre.
d Les enfants jouent dehors.
e Pose le livre sur le bureau.
f Nous les verrons demain.

2 **Identifie les compléments circonstanciels et donne leur nature.**

a Il boit une tisane chaque soir.
b Les sangliers vivent dans la forêt.
c J'aime le matin.
d Jules joue souvent dans le jardin.
e Le loup chasse en meute.
f Ma tante prend son médicament.

Certaines phrases n'ont pas de complément circonstanciel.

3 **Complète les phrases par un complément circonstanciel de temps de ton choix.**

a Nous corrigeons les exercices de grammaire.
b La classe part en sortie scolaire.
c Je verrai mes cousins.

4 **Complète les phrases par un complément circonstanciel de lieu de ton choix.**

a Mon grand-père plante des tomates.
b Vous participerez au spectacle.
c Les pirates ont trouvé un trésor.

5 **Complète les phrases par un complément circonstanciel de manière de ton choix.**

a Tu manges une glace au chocolat.
b Anne fait un puzzle de cinq-cents pièces.
c Les soldats menèrent une bataille acharnée.

6 **Analyse les mots soulignés comme dans l'exemple.**

Exemple : Nous courons sur la piste.
*→ groupe nominal (nom noyau : **piste**, féminin singulier), complément circonstanciel de lieu, introduit par la préposition **sur***

a Samedi, nous irons au cinéma.
b La maman caresse avec délicatesse la joue de son petit enfant.
c Le camion s'est renversé dans le fossé.

À ton tour !

→ **Invente une phrase comportant un complément circonstanciel de temps, un de lieu et un de manière.**

Les compléments circonstanciels (2)

Séance 29

J'observe

→ Mes rituels quotidiens : **page 149**

Nicolas observe les bouquetins avec ses jumelles.

▼ Avec ses jumelles est complément circonstanciel de moyen.

▶ Il existe d'autres compléments circonstanciels qui précisent :

- le moyen utilisé pour faire l'action :
  le complément circonstanciel de moyen ;
  Nicolas observe les bouquetins avec ses jumelles.

Comment ?
Par quel moyen ?

- la cause qui a provoqué l'action :
  le complément circonstanciel de cause ;
  Grâce à sa connaissance de la montagne, le guide a trouvé des bouquetins.

À cause de quoi ?
Grâce à quoi ?

- le but que l'action doit permettre d'atteindre :
  le complément circonstanciel de but ;
  Nicolas et Iris observent la montagne pour trouver des bouquetins.

Dans quel but ?
Pour quoi ?

- la personne avec qui se déroule l'action :
  le complément circonstanciel d'accompagnement.
  Nicolas et Iris se promènent avec un guide de montagne.

Avec qui ?

▶ **Des compléments circonstanciels différents peuvent être construits avec la même préposition.**

Nicolas observe les marmottes avec
- Iris. → *complément d'accompagnement*
- ses jumelles. → *complément de moyen*
- attention. → *complément de manière*

▶ Les compléments circonstanciels peuvent être :
- des **noms propres** → Je me promène avec Nicolas.
- des **groupes nominaux** → Iris mange avec des baguettes.
- des **verbes à l'infinitif** → Elle écoute pour apprendre.

1 **Précise l'information apportée par les compléments circonstanciels soulignés : cause, but, accompagnement ou moyen.**

a. Tu poses tes opérations au crayon à papier.
b. Il s'est trompé à cause de son étourderie.
c. Je me dépêche de finir mon travail pour jouer.
d. Je suis allé à la pêche avec Jean.
e. En vue de la récompense promise, Elsa se tient très sage.
f. Par erreur, il a effacé tout le tableau.

2 **Identifie les compléments circonstanciels et donne leur nature.**

a. Le matin, Papa part en voiture.
b. Il ouvrit lentement la serrure avec sa clef.
c. Un oiseau est entré par la fenêtre ouverte.
d. Nous coupons du bois à la hache.
e. Ce candidat a eu de bons résultats grâce à son travail.

Une phrase peut comporter plusieurs compléments circonstanciels.

3 **Complète les phrases par le complément circonstanciel demandé.**

a. [cause] Je préfère ne pas m'éloigner de la rive.
b. [moyen] Le mécanicien répare la voiture.
c. [but] Tu révises tes leçons.
d. [accompagnement] Le musicien interprète une sonate.
e. [cause] L'équipe a gagné.

4 **Analyse les groupes de mots soulignés comme dans l'exemple.**

Exemple : Vous vous disputez avec votre ami.
*→ groupe nominal (nom noyau : **ami**), masculin singulier, complément circonstanciel d'accompagnement, introduit par la préposition **avec***

a. Charles est grondé à cause de son petit frère.
b. Il joue avec son stylo.
c. Nous nous couchons pour dormir.
d. Les enfants iront au cinéma avec leurs cousins.

À ton tour !

→ **Invente une phrase comportant trois compléments circonstanciels différents de ton choix.**

Les pronoms y et en

Séance 30

J'observe

→ Mes rituels quotidiens : page 150

Iris va en vacances à la montagne.
Elle y va en vacances.
▼ Y remplace à la montagne.

Elle a rêvé de ces vacances toute l'année.
Elle en a rêvé toute l'année.
▼ En remplace de ces vacances.

▶ Le pronom personnel y **remplace un complément** qui se construit avec ***à*** ou ***chez*** :

- un **complément d'objet indirect** ;
  Le berger songe à ses brebis. Le berger y songe.
- un **complément circonstanciel de lieu.**
  Je vais à la rivière. J'y vais.

▶ Le pronom personnel en **remplace un complément** qui se construit avec ***de***, ***du***, ***des*** :

- un **complément d'objet direct** ;
  Nicolas boit du lait de brebis. Nicolas en boit.
- un **complément d'objet indirect** ;
  Iris parle de sa promenade. Iris en parle.
- un **complément circonstanciel de lieu.**
  Je viens de la vallée. J'en viens.

Je ne confonds pas **en** pronom personnel et **en** préposition. (séance 32, page 70).
Il vient de Paris. Il **en** vient.
Je pars **en** voiture.

▶ Y et en sont des pronoms : ils ont donc la fonction des noms qu'ils remplacent. Les pronoms y et en sont généralement placés juste **avant le verbe** conjugué.

Le berger y songe (*verbe*). • Le berger en parle (*verbe*).

1 Identifie le groupe nominal remplacé par le pronom personnel y et donne sa fonction.

a. Tu atteins la sortie, j'y arrive aussi.
b. Le tournoi commence, elle y participe.
c. Tes amis, tu y penses tout l'été.
d. La plage, j'y vais justement !
e. La bibliothèque est fermée, nous ne pourrons pas y aller.

2 **Identifie le groupe nominal remplacé par le pronom personnel en et donne sa fonction.**

a. Ils aiment le chocolat, ils en mangent.
b. Des baies, j'en ai trouvé dans les bois.
c. Les vacances, nous en rêvons tous !
d. Vous allez au marché, j'en viens.
e. Ce voyage, elle en parle depuis longtemps.

3 **Indique si en est une préposition ou un pronom personnel.**

a. La maîtresse est passionnée de grammaire, nous en faisons tous les jours.
b. Nous avons décidé de traverser l'Atlantique en paquebot.
c. En automne, les arbres perdent généralement toutes leurs feuilles.
d. J'ai perdu trois billes mais j'en ai regagné cinq ensuite.
e. Cette sortie, j'en ai rêvé !

4 **Remplace le groupe souligné par le pronom personnel qui convient.**

a. Nos cousins arrivent en Angleterre.
b. Vous achèterez des clémentines.
c. Je prends des tartines pour le goûter.
d. La classe allait à la piscine tous les jeudis.
e. Tu parles encore de ton petit chat.

5 **Complète les phrases par le pronom personnel qui convient et indique sa fonction.**

a. *(la compétition sportive)* Notre équipe ... participe chaque année.
b. *(le Portugal)* Les touristes ... reviennent enchantés.
c. *(la piscine)* J'... vais après l'école.
d. *(des billes)* Tu ... veux cinq.
e. *(le thermomètre)* L'infirmière s'... sert pour mesurer la température.

6 **Analyse les mots soulignés comme dans l'exemple.**

Exemple : *Les frites, vous en mangez.*
*→ pronom personnel, remplace **les frites** (féminin pluriel), complément d'objet direct du verbe **mangez***

a. Je sors de la maison mais j'y retourne aussitôt.
b. L'émission est terminée et tu t'y es intéressé.
c. Papa a acheté du fromage, nous en aurons pour le dîner.

Verbe intransitif et verbe transitif

Séance 31

J'observe

→ Mes rituels quotidiens : **page 150**

L'aigle couve ses œufs.
verbe d'action *objet de l'action*

▼ Couver est un verbe transitif.
Il a un complément : ***ses œufs***.

L'aigle plane.
verbe d'action

▼ Planer est un verbe intransitif.
Il n'a pas de complément d'objet.

▶ Les verbes transitifs expriment **une action** effectuée par un sujet **sur un objet**.
Ils acceptent donc un **complément d'objet**, même si celui-ci n'est pas toujours exprimé.

Cet enfant parle à son ami.

Cet enfant parle de ses projets.

Cet enfant parle.

▶ Les verbes intransitifs ne peuvent pas avoir de **complément d'objet**.

Dans le dictionnaire, cette information est donnée sous l'abréviation **v.i.** pour les verbes intransitifs ou **v.t.** pour les verbes transitifs.

1 Indique si les verbes sont transitifs ou intransitifs.

a grogner
b déterminer
c venir
d suivre
e déclencher
f piloter
g sangloter
h accueillir
i nettoyer
j stationner

Pour chaque verbe, j'invente une phrase et je vois si je peux ajouter un complément d'objet.

2 Indique si les verbes soulignés sont transitifs ou intransitifs.

a Louise dort profondément.
b Papa promène notre chien.
c Le poney trotte dans le pré.
d Les arbustes bourgeonnent au printemps.

e Le fermier tire une vieille charrette.
f Nous terminons nos exercices.
g Je pense à la fin de ce travail.
h Vous refusez de sortir sous la pluie.

3 Identifie les verbes et indique s'ils sont transitifs ou intransitifs.

a Le musicien range rapidement ses partitions.
b Ton oncle somnole dans son fauteuil.
c Le troupeau de moutons suit le chien du berger.
d La bibliothèque recouvre un mur de la pièce.
e Les canards pataugent dans la mare.
f Thomas réfléchit à l'analyse grammaticale de ce mot.

4 Complète les verbes transitifs par un complément d'objet.

a Thibault songe … .
b La vendeuse présente … .
c Les musiciens de l'orchestre accordent … .
d Les trois équipes participent … .
e Nous nous souvenons … .
f Le paquebot traverse … .

5 Complète les verbes transitifs par un complément d'objet de ton choix.

a Toute la famille se réunit … .
b François lit … .
c Tu déjeunes … .
d Ma petite sœur pleure … .
e Il neige … .
f Vous lancez … .
g Les chevaliers combattaient … .
h L'oiseau s'envole … .

6 Analyse les mots soulignés comme dans l'exemple.

Exemple : Elle arrose son jardin.
*→ verbe **arroser**, verbe du 1er groupe, verbe transitif, 3e personne du singulier du présent de l'indicatif*

a La limonade mousse.
b Tu rédiges une belle lettre.
c Vous buvez.
d Le feu meurt dans la cheminée.
e Nous partons en voiture.
f La neige tombe silencieusement.

À ton tour !

→ **Invente une phrase contenant un verbe intransitif et un complément circonstanciel.**

La préposition

Séance **32**

J'observe

→ Mes rituels quotidiens : **page 150**

Les moutons obéissent à leur berger.

L'aigle vole au-dessus du troupeau.

▶ La préposition est un **mot invariable** qui unit deux éléments (verbe, nom…). Elle peut être :
- **simple** → ***à, de, pour…***
- **composée** → ***au-dessus de, grâce à, afin de…***

▶ Cette **relation** peut être :
- **spatiale** → ***vers, par, devant, derrière, sur, sous…***
- **temporelle** → ***depuis, pendant, jusqu'à, avant, après…***
- de **cause** → ***pour, à cause de, en raison de, faute de, grâce à…***
- de **but** → ***pour, dans le but de, afin de…***
- de **matière** → ***en…***

▶ Une préposition peut introduire :
- un **complément du nom** (séance 8, page 22),
  → les élèves de la classe
- un **complément d'objet indirect** (séance 26, page 58),
  → Les élèves répondent à la maîtresse.
- un **complément circonstanciel** (séances 28-29, pages 62-64).
  → Il pose son cahier sur le bureau.

▶ Les articles définis contractés proviennent de l'association des prépositions ***à*** et ***de*** et des articles définis ***le*** ou ***les*** (séance 3, page 12).
à + le → au • à + les → aux • de + le → du • de + les → des

1 Identifie les prépositions.

a Ne touche pas à mon livre.
b Nous partirons de bon matin.
c Il est rangé sous l'armoire.
d La voiture est garée devant lui.
e Tu iras te coucher après la fin du film.
f Claire joue avec sa voisine.

2 **Identifie les prépositions et dis si elles sont simples ou composées.**

a. La maîtresse rêve de vacances.
b. Les trains sont annulés en raison des intempéries.
c. Son chien reste hors de la maison.
d. Jeanne partira avec Sophie.
e. Grâce à sa patience, Manon a terminé son puzzle.
f. Elsa a battu son frère à la pétanque.

3 **Identifie les prépositions et ce qu'elles introduisent : complément du nom, complément d'objet indirect ou complément circonstanciel.**

a. Ce coffre à jouets déborde.
b. Il souligne avec un stylo bleu.
c. Le voleur est passé pendant la nuit.
d. Faute de passagers, le vol est annulé.
e. Il s'est installé au bord de la rivière.
f. Ce champion rêve de la médaille d'or.

4 **Complète les phrases par la préposition qui convient.**

a. Élise s'est blessée ... la récréation.
b. ... la fin des vacances, nous préparerons la rentrée.
c. Nous rangeons la salle ... bains.
d. Tu t'amuses à te cacher ... la table.
e. Ma tante mélange avec une cuillère ... bois.

5 **Complète les phrases par l'article défini contracté qui convient.**

a. Le marché ... puces se tient chaque dimanche.
b. Papa a retrouvé le chien ... voisins.
c. ... petit matin, l'herbe est remplie de rosée.
d. Nous parlons ... notre sport préféré.
e. Le professeur attend ... élèves qu'ils soient sages.

6 **Identifie et analyse les prépositions comme dans l'exemple.**

Exemple : Ces fruits de mer sont délicieux.
*→ préposition invariable qui introduit le complément du nom **mer***

a. Le livre se trouve sur l'étagère.
b. Nous nous lavons les mains avant le dîner.
c. Grand-mère tricote un bonnet en laine.

Ce que j'ai appris

Séance 33

Le verbe et ses compléments

VERBE

INTRANSITIF

Marion pleure.

TRANSITIF s'il peut être suivi d'un complément

Marion explique **son** problème.
complément d'objet direct

Marion parle **à** son frère.
*complément d'objet indirect introduit par la préposition **à***

Les compléments circonstanciels

Ils précisent :

– le lieu ;	– la manière ;	– le moyen ;
– le temps ;	– la cause ;	– le but…

Marion pleure dans sa chambre.
*complément circonstanciel de lieu introduit par la préposition **dans***

Marion explique son problème tristement.
complément circonstanciel de manière

Le pronom personnel complément d'objet

DIRECT

me	nous
te	vous
le, la, l'	les

Les moutons suivent le chien.
Les moutons le suivent.

INDIRECT

me	nous
te	vous
lui	leur

Les moutons obéissent au chien.
Les moutons lui obéissent.

Y

Les moutons vont au pré.
Les moutons y vont.

EN

Les moutons broutent de l'herbe.
Les moutons en broutent.

Unité 5

L'adverbe

Les catégories de l'adverbe

Séance 34

→ Mes rituels quotidiens : page 151

J'observe

Iris et Nicolas observent attentivement les fourmis.

Ils ne se lassent pas de les étudier.

▼ Attentivement, ne et pas sont des adverbes.

▶ L'adverbe est un mot **invariable** qui sert à préciser ou à modifier le sens d'un verbe, d'un adjectif ou d'un autre adverbe.

▶ Il existe différentes catégories d'adverbes :

- les adverbes de temps → ***hier***, ***aujourd'hui***, ***demain***, ***maintenant***, ***toujours***, ***enfin***, ***alors***, ***longtemps***, ***tôt***, ***tard***… ;

  Iris et Nicolas sont à la campagne aujourd'hui.

- les adverbes de lieu → ***dehors***, ***dedans***, ***ici***, ***là***, ***en haut***, ***partout***, ***loin***… ;

  Dehors, le soleil brille.

- les adverbes de manière → ***bien***, ***mieux***, ***vite***, ***exprès***, ***ensemble***, ***mal***, ***rapidement***… ;

  Les oiseaux chantent ensemble.

Beaucoup d'adverbes de manière sont formés à partir de l'adjectif.
calme → calmement

- les adverbes de quantité → ***autant***, ***moins***, ***plus***, ***assez***, ***très***, ***trop***, ***peu***, ***beaucoup***… ;

  Iris et Nicolas ont beaucoup marché.

- les adverbes de négation → ***non***, ***ne***, ***pas***, ***plus***, ***jamais***, ***guère***…

  Ils n'ont croisé personne.

- les adverbes interrogatifs → ***où***, ***quand***, ***comment***, ***combien***, ***pourquoi***…

  Combien d'insectes pourront-ils observer ?

▶ Les adverbes composés de plusieurs mots sont appelés **locutions adverbiales** : ***ne … pas***, ***en haut***, ***tout de suite***…

1 Identifie les adverbes.

a Elle travaille courageusement.
b Viens ici !
c Les amis de mes parents arriveront demain.
d Je ne préfère pas aller à la piscine.
e Comment as-tu trouvé la solution au problème ?
f La mariée est très belle.

2 Identifie les adverbes et indique pour chacun l'information apportée.

a Mon frère mange beaucoup de chocolat.
b Il y a autant de garçons que de filles dans la classe.
c Je ne vais jamais au cinéma.
d L'oiseau s'est envolé là-haut dans le ciel.
e Combien veux-tu de pains au chocolat ?

3 Complète les phrases par un adverbe qui apporte l'information donnée.

a *temps* … les enfants visiteront un musée.
b *lieu* Nous faisons du sport … .
c *négation* Nous … mangeons … de crêpes.
d *manière* La malle est … rangée dans la cave.
e *interrogation* … as-tu rangé tes clefs ?
f *manière* Nous nageons … .

4 Transforme le sens des phrases en remplaçant l'adverbe souligné par son contraire.

a Ce peintre dessine bien les paysages de montagne.
b Sophie perd souvent aux cartes.
c Peu de personnes connaissent son secret.
d Ma sœur se lève tard pendant les vacances.
e La foudre est tombée très près.

Je me souviens : j'ajoute **-ment** au féminin des adjectifs qui se terminent par une consonne.

Les adjectifs en **-ant** et **-ent** font des adverbes en **-amment** et **-emment**.

5 Forme un adverbe de manière à partir de chaque adjectif.

a sage
b courageux
c fier
d intelligent
e délicat
f méchant
g total
h attentif
i bruyant
j léger
k patient
l calme

Les fonctions de l'adverbe

Séance 35

→ Mes rituels quotidiens : page 151

J'observe

Les oiseaux chantent fort.

Ils chantent très fort.

Nicolas ne voit pas un seul nuage.

Il fait tellement beau !

▶ Les adverbes peuvent remplir **différentes fonctions** dans une phrase :

- Les adverbes de temps, de lieu et de manière complètent le sens de la **phrase.** Ils sont toujours **compléments circonstanciels de temps**, **de lieu**, **de manière**.
- Les adverbes de quantité modifient le sens d'un **verbe**, d'un **adjectif** ou d'un autre **adverbe**.
- Les adverbes de négation modifient le sens d'un **verbe**.

1 Identifie les mots modifiés par les adverbes soulignés et indique leur nature.

a. Le cerf ne quitte pas la forêt.
b. Les voitures roulent très lentement dans les embouteillages.
c. Ma tante est peu courageuse face au danger.
d. Les racines de cet arbre descendent assez profondément dans le sol.
e. Laisse tes chaussures dehors.

2 Identifie les adverbes qui modifient les verbes soulignés et indique leur fonction.

a. Tu aimes moins les bandes dessinées.
b. Paul ne mange guère.
c. Nous irons chez le coiffeur demain.
d. Tu parles trop vite.
e. Où veux-tu aller ?

3 Identifie les adverbes et indique les mots qu'ils modifient.

a. Yanis n'aime guère nager dans l'océan.
b. Le malade se remet très vite.
c. Papa a garé la voiture trop loin.
d. Nous sommes très doués pour la conjugaison.
e. Nous arriverons bientôt en Italie.

4 Indique la nature des mots soulignés.

a. Ce chiot vient <u>toujours</u> me voir.
b. Le vélo <u>rouge</u> fonctionne parfaitement.
c. Je cours <u>moins</u> vite que Louis.
d. Nous jardinons <u>ce matin</u>.
e. J'avance <u>péniblement</u>.
f. Cet exercice est <u>difficile</u>.

Je ne confonds pas les adverbes et les adjectifs (qui se rapportent toujours à des noms).

5 Complète les phrases par un adverbe modifiant le mot souligné.

a. *quantité* Les peintres travaillent dans cette <u>grande</u> maison.
b. *manière* Nous <u>traversons</u> le lac en barque.
c. *quantité* Tu calcules <u>rapidement</u>.
d. *négation* Elle <u>range</u> son cartable en arrivant chez elle.

6 Complète chaque phrase par un des adverbes donnés.

autrefois *suffisamment* *très* *mal* *actuellement*

a. Il calcule ... de tête ; il a besoin d'une calculatrice.
b. L'hiver a été ... humide, la campagne est verdoyante.
c. ... nous avons une remplaçante dans la classe.
d. J'ai ... travaillé aujourd'hui, je suis fatigué.
e. ... les professeurs vouvoyaient leurs élèves.

7 Identifie et analyse les adverbes comme dans l'exemple.

Exemple : Cet étudiant lit <u>beaucoup</u>.
*→ adverbe de quantité, modifie le verbe **lit***

a. Tu ne viens jamais.
b. Maintenant, tu peux aller jouer.
c. Benjamin est très calme.
d. Nous irons ensemble à la plage.

Ce que j'ai appris

Séance 36

L'adverbe

Nicolas et Iris sont à la campagne **aujourd'hui**.
adverbe de temps

Ils aiment **beaucoup** se promener **là-bas**.
adverbe de quantité — *adverbe de lieu*

Ils ont observé **attentivement** les insectes.
adverbe de manière

Quand reviendront-ils de leur promenade ?
adverbe interrogatif

Ils **ne** se lassent **pas** d'observer les insectes.
locution adverbiale de négation

L'ADVERBE OU LA LOCUTION ADVERBIALE

- est invariable.
- peut modifier :
  - un verbe ;
  - un adjectif ;
  - un autre adverbe.
- peut compléter une phrase.
- peut indiquer :
  - le temps ;
  - le lieu ;
  - la manière ;
  - la quantité ;
  - la négation ;
  - l'interrogation.

Je révise

Séance 37

1 Identifie les verbes et indique s'ils sont transitifs ou intransitifs.

a Tu t'intéresses à l'archéologie.
b Cette couturière confectionne des manteaux superbes.
c Le feu ronfle dans la cheminée.
d L'avion atterrit en douceur.
e Jules bâille pendant le dîner.

2 Identifie les compléments d'objet et indique s'ils sont directs ou indirects.

a Le chien de garde obéit à son maître.
b Nous vidons le grenier du chalet.
c Le vieux tracteur refuse d'avancer.
d Je rêve d'une gaufre au sucre !
e Le boulanger prépare le pain tôt le matin.

3 Remplace le complément d'objet souligné par un pronom personnel.

a Je prépare <u>ma valise</u> pour les vacances.
b Nous annonçons la bonne nouvelle <u>à nos cousins</u>.
c Maman regarde <u>mes frères et moi</u> en riant.
d Le médecin ausculte <u>la fillette</u> avec soin.
e Tu offres de magnifiques fleurs <u>à ta grand-mère</u>.

4 Identifie les compléments circonstanciels et précise l'information apportée.

a Aujourd'hui, nous nous levons tard.
b Les feuilles tombent doucement en automne.
c Cet élève sérieux a été récompensé pour ses efforts.
d Dehors, maman discute avec notre nouvelle voisine.
e Le sportif s'entraîne tous les jours avec des haltères pour progresser.

5 **Complète chaque phrase par les compléments demandés.**

	Complément de/d'					
	objet	moyen	lieu	temps	but	manière
a Je dors … .			✗		✗	
b Iris a acheté … .	✗			✗		
c Le menuisier répare … .	✗	✗				
d Cet acteur chante aussi … .						✗
e Tu colories … .		✗				✗

6 **Remplace les mots soulignés par le pronom personnel qui convient.**

a Nous partons <u>de Bretagne</u> demain.

b Lucas pense <u>à sa leçon</u>.

c Tu offres à ta maman <u>de somptueux cadeaux</u>.

d Les pirates s'attaquaient <u>aux navires marchands</u>.

e Hélène répond <u>à son invitation</u>.

7 **Identifie les adverbes et précise l'information apportée.**

a Je suis plutôt grand pour mon âge.

b Luc parle peu.

c Il pose toujours mille questions.

d Pourquoi partons-nous très vite ?

e Nous irons demain à la patinoire.

8 **Analyse les mots soulignés.**

Exemple : Cet étudiant lit <u>beaucoup</u>.
*➜ adverbe de quantité, modifie le verbe **lit***

a Nous traversons <u>la Méditerranée</u> en bateau.

b Les fourmis sont passionnantes, Jérémy <u>les</u> aime beaucoup.

c Tu dessines <u>bien</u> les chevaux.

d Bruno joue <u>avec ses soldats</u>.

Unité 6

Les temps simples du passé

L'imparfait

Séance 38

J'observe

→ Mes rituels quotidiens : page 152

Au Moyen Âge,
les chevaliers particip|aient à des tournois.
radical *terminaison de l'imparfait*

▼ Participaient, c'est le verbe ***participer*** à l'imparfait.

▶ L'imparfait est un **temps simple du passé** (séance 12, page 30).
Il exprime une action qui a duré ou qui s'est répétée.

▶ L'imparfait se construit en ajoutant au radical du verbe les terminaisons de l'imparfait.

sujet	singulier	pluriel
1re personne	je chantais	nous chantions
2e personne	tu chantais	vous chantiez
3e personne	il, elle chantait	ils, elles chantaient

Pour tous les verbes sauf **être**, le radical de l'imparfait est le même que celui de la 1re personne du pluriel du présent.
nous finissons
→ je finissais
nous faisons
→ je faisais

1 **Identifie les verbes et indique leur temps.**

a Je franchirai la colline avec un âne.
b Ma grand-mère préparait de délicieuses confitures.
c Tu balaies devant la porte du garage.
d Les bâtisseurs construisaient de magnifiques cathédrales.
e Le phénix renaît de ses cendres.
f Nous finirons rapidement nos devoirs.

2 **Conjugue les expressions suivantes à l'imparfait à toutes les personnes.**

a consulter les horaires
b rebondir sur le trampoline
c être en retard
d avoir chaud

3 **Complète chaque phrase par un sujet qui convient.**

a ... écoutait la musique dans sa chambre.
b ... te coiffais avec des tresses.
c ... lisions dans une grande bibliothèque.
d ... discutais avec ma voisine de classe.
e ... promeniez votre chien chaque matin.

4 **Complète les phrases par le verbe proposé à l'imparfait.**

a *(fleurir)* La vieille dame ... la statue avec soin.
b *(chuchoter)* Petits, nous ... pendant la sieste.
c *(cuisiner)* Tu ... de délicieuses pâtisseries.
d *(chérir)* Vous ... vos grands-parents.
e *(intercepter)* J'... le ballon avec adresse.

5 **Complète les phrases par le verbe proposé à l'imparfait.**

a *(se revoir)* Ces amis ... tous les mercredis après-midi.
b *(défaire)* Vous ... les pièces du puzzle pour le ranger.
c *(reprendre)* Tu ... toujours une part de tarte.
d *(pouvoir)* Ma sœur et moi ... discuter pendant des heures.
e *(prédire)* Le vieux mage ... de belles aventures.

6 **Identifie le temps de chaque verbe et mets-le à l'imparfait.**

a Je prendrai tout mon temps.
b Ma sœur est absente.
c Nous irons au cinéma en bus.
d Mes cousins viennent chaque été.

7 **Identifie et analyse les verbes conjugués comme dans l'exemple.**

Exemple : Elle plantait des fraises.
*→ verbe **planter**, verbe d'action du 1er groupe, 3e personne du pluriel de l'imparfait*

a Les avions atterrissaient sur la piste.
b Tu faisais tes calculs très rapidement.
c Nous ramassions les mûres sauvages dans les ronces.
d Louis XIV était un roi du XVIIe siècle.

À ton tour !

→ **Invente une phrase contenant un verbe d'action à l'imparfait.**

Quelques verbes particuliers du 1er groupe

Séance 39

→ Mes rituels quotidiens : **page 152**

J'observe

Les chevaliers s'élançaient sans peur.

Lors des tournois, les champions se partageaient les trophées.

Les écuyers prodiguaient des soins aux chevaux.

Certains verbes du 1er groupe ont une orthographe particulière à l'imparfait.

- Les verbes terminés par -cer prennent une cédille devant le **-a-** pour conserver le son « s ».
- Les verbes terminés par -ger gardent le **-e-** devant le **-a-** pour conserver le son « j ».
- Les verbes terminés par -guer s'écrivent **-gu-** à toutes les personnes.
- Attention : pour conjuguer les verbes se terminant par -yer et -ier, il ne faut pas oublier le **-i-** de la terminaison, même si celui-ci ne s'entend pas toujours. Il faut écrire **-yi-** ou **-ii-**.

  Nous nous ennuyions. • Nous criions.

  Vous vous ennuyiez. • Vous criiez.

1 Identifie les verbes et indique s'ils sont au présent ou à l'imparfait.

a. Nous confiions notre lapin aux voisins.
b. Vous relayiez cette information.
c. Vous criiez de joie au passage des cyclistes.
d. Nous nous méfions du chien du voisin.

2 Conjugue les expressions suivantes à l'imparfait à toutes les personnes.

a. foudroyer du regard
b. s'élancer dans le vide
c. déménager à Paris
d. plier une feuille

3 **Complète les phrases par le verbe proposé à l'imparfait.**

a *(avancer)* Tu ... prudemment dans le noir.
b *(pincer)* Le vent glacial nous ... la peau du visage.
c *(foncer)* Nous ... vers la ligne d'arrivée.

4 **Complète les phrases par le verbe proposé à l'imparfait.**

a *(éponger)* Il ... l'eau du vase renversé.
b *(ranger)* Lise ... ses nouveaux timbres dans son album.
c *(départager)* Ton cousin et toi ... les petits quand ils se querellaient.

5 **Complète les phrases par le verbe proposé à l'imparfait.**

a *(naviguer)* Je ... sur le voilier de mon oncle.
b *(voguer)* Les goélettes ... sur la Méditerranée.
c *(élaguer)* À la fin de l'hiver, vous ... vos arbres fruitiers.

6 **Complète les phrases par le verbe proposé à l'imparfait.**

a *(relier)* Nous ... Marseille à Lyon en quelques heures.
b *(essayer)* Vous ... une nouvelle voiture.
c *(se confier)* Jules et moi ... tous nos secrets.
d *(tutoyer)* Autrefois, nous ne ... pas nos parents.

7 **Mets le sujet de chaque verbe au singulier et accorde le verbe.**

a Les fusées s'élançaient dans l'atmosphère.
b Nous balancions nos pieds dans le vide.
c Vous plongiez du haut de la falaise.

8 **Mets le sujet de chaque verbe au pluriel et accorde le verbe.**

a Je sciais du bois avec mon grand-père.
b Tu envoyais des cartes postales pendant tes vacances.
c Je tournoyais sur place.

9 **Identifie et analyse les verbes conjugués comme dans l'exemple.**

Exemple : Tu semblais fatigué.
→ verbe ***sembler****, verbe d'état du 1er groupe, 2e personne du singulier de l'imparfait*

a Nous nettoyions la voiture.
b Vous offriez une glace à vos amis.
c Nous plions le linge avec maman.
d Vous triiez vos déchets.

Le passé simple des verbes du 1er groupe

Séance 40

→ Mes rituels quotidiens : page 152

J'observe

Un beau jour, le chevalier blanc remporta le tournoi.
radical (rempor t) — terminaison du passé simple (a)

▼ Remporta, c'est le verbe ***remporter*** au passé simple.

▶ Le passé simple est un **temps simple du passé** (séance 12, page 30). Il exprime une action qui s'est passée à un moment précis. On le trouve souvent dans les récits.

▶ Le passé simple des **verbes du 1er groupe** est formé en ajoutant au radical du verbe les terminaisons du passé simple.

sujet	singulier	pluriel
1re personne	je chantai	nous chantâmes
2e personne	tu chantas	vous chantâtes
3e personne	il, elle chanta	ils, elles chantèrent

▶ Certains verbes du 1er groupe ont une orthographe particulière au passé simple.

- Les verbes terminés par -cer prennent une cédille devant le **-a-** pour conserver le son « s ».
  L'archer lan**ç**a une flèche enflammée.
- Les verbes terminés par -ger gardent le **-e-** devant le **-a-** pour conserver le son « j ».
  Le chevalier chang**e**a d'armure.
- Les verbes terminés par -guer s'écrivent **-gu-** à toutes les personnes.
  Le chevalier fatig**u**a son adversaire.

1 Identifie les verbes et indique s'ils sont à l'imparfait ou au passé simple.

a Je renversai de l'eau sur mon pull.
b Soudain, les voitures freinèrent.
c Les musiciens entonnaient un hymne.
d Tu lisais une bande dessinée.
e Je caressais mon chat.
f Tu regardas dans sa direction.

2 **Identifie les verbes et indique leur temps.**

a Les explorateurs cherchaient de nouveaux trésors.
b Tu préféreras une glace à la vanille.
c Je me décidai pour une jupe rouge.

3 **Conjugue les expressions suivantes au passé simple à toutes les personnes.**

a placer ses pions
b marcher sur la plage
c mélanger des couleurs
d visiter un château fort

4 **Complète les phrases par le verbe proposé au passé simple.**

a *(ramener)* Mes parents ... un chat à la maison.
b *(dessiner)* Louise ... un arbre en fleurs.
c *(traverser)* Nous ... la rue sur le passage piéton.
d *(décorer)* Vous ... la cour de l'école.
e *(oublier)* Antoine ... ses clefs.

5 **Complète les phrases par le verbe proposé au passé simple.**

a *(grimacer)* Je ... pour te faire rire.
b *(grincer)* La porte du manoir ... sur ses gonds.
c *(manger)* Vous ... une assiette de choucroute.
d *(intriguer)* L'attitude du chevalier ... son adversaire.

6 **Identifie le temps de chaque verbe et mets-le au passé simple.**

a Aristide lance son ballon dans l'arbre.
b Les bateaux tangueront dangereusement dans la tempête.
c Nous nagions jusqu'au rivage.
d Tu te pinces le doigt dans la porte.

7 **Identifie et analyse les verbes conjugués comme dans l'exemple.**

Exemple : Les étoiles éclairèrent le ciel d'été.
*→ verbe **éclairer**, verbe d'action du 1er groupe, 3e personne du pluriel du passé simple*

a L'empereur triompha en quelques années.
b Les chercheurs étudièrent le plan avec attention.
c Nous nous installâmes dans le salon.
d Anne d'Autriche était la mère de Louis XIV.
e J'avais faim, je plantai ma fourchette dans mon poulet.

Le passé simple des verbes du 2e groupe

Séance 41

→ Mes rituels quotidiens : page 153

J'observe

Le chevalier brandit son épée.
radical *terminaison du passé simple*

▼ Brandit, c'est le verbe ***brandir*** au passé simple.

▶ Le passé simple des **verbes du 2e groupe** est formé en ajoutant au radical les terminaisons du passé simple.

sujet	singulier	pluriel
1re personne	je finis	nous finîmes
2e personne	tu finis	vous finîtes
3e personne	il, elle finit	ils, elles finirent

▶ Les terminaisons aux trois personnes du singulier sont les mêmes qu'au présent de l'indicatif. Il faut donc réfléchir au sens et au contexte de la phrase pour savoir si celle-ci est au passé.

Je n'oublie pas de mettre un accent circonflexe sur le **-i-** aux 1re et 2e personnes du pluriel.

1 Identifie les verbes et indique s'ils sont au passé simple ou au présent.

a Les équipes choisissent leur côté de terrain.
b Les loups envahirent cette région du nord des Alpes.
c Un cor retentit lorsque le roi entra dans le château.
d Je finis mes devoirs et j'arrive !

2 Identifie les verbes et indique leur temps.

a Les jardins verdissaient chaque printemps.
b Les guerriers grecs réfléchirent à un moyen de vaincre les Troyens.
c Elles s'évanouissent devant un tel spectacle.
d Le chef indien s'accroupit et alluma le calumet.
e Le jardinier remplit un pot de terre et y plante un rosier.

3 **Conjugue les expressions suivantes au passé simple à toutes les personnes.**

a frémir de peur
b réagir à l'appel
c jaillir de l'ombre
d guérir une blessure

4 **Complète les phrases par le verbe proposé au passé simple.**

a *(engloutir)* Les flots ... les navires de la marine.
b *(garnir)* Thomas ... sa pizza de champignons.
c *(démolir)* Tu ... le château de sable.
d *(avertir)* Nous ... le professeur de notre retard.
e *(fraîchir)* La température ... à la tombée de la nuit.

5 **Complète les phrases par le verbe proposé au passé simple.**

a *(obéir)* J'... à mes parents.
b *(lancer)* Aristide ... son ballon dans l'arbre.
c *(aboutir)* Après une longue marche dans la forêt, nous ... dans une clairière.
d *(marcher)* Vous ... toute la journée.
e *(s'élancer, gravir)* La moto ... et ... la colline.

6 **Identifie le temps de chaque verbe et mets-le au passé simple.**

a Je palissais de terreur.
b Les fauves obéissaient au dresseur.
c Nous atterrirons en douceur.
d Soudain les éléphants barrissent.

7 **Identifie et analyse les verbes conjugués comme dans l'exemple.**

Exemple : Vous éblouîtes les spectateurs.
*→ verbe **éblouir**, verbe d'action du 2e groupe, 2e personne du pluriel du passé simple*

a Les cosmonautes alunirent sans difficulté.
b Vous vous munîtes de bâtons solides.
c Les soldats de Napoléon franchirent les Alpes à pied.
d L'architecte dessina les plans, puis bâtit ce splendide gratte-ciel.
e Tu m'offris des roses : elles embellirent le salon.
f Tous les jours, j'attendais sa lettre ; un matin, elle arriva enfin.

À ton tour !

→ **Invente une phrase avec un verbe d'action à la 2e personne du singulier du passé simple.**

Le passé simple des verbes du 3e groupe

Séance 42

J'observe

→ Mes rituels quotidiens : **page 153**

Le seigneur se leva et dit le nom du vainqueur.

▼ Dit, c'est le verbe ***dire*** au passé simple.

▶ Au passé simple, les **verbes du 3e groupe** sont **irréguliers** : leur radical est variable. Il existe trois types de verbes :

les verbes en -i-	
faire	je fis nous fîmes
dire	je dis nous dîmes
voir	je vis nous vîmes
prendre	je pris nous prîmes

les verbes en -u-	
être	je fus nous fûmes
avoir	j'eus nous eûmes
vouloir	je voulus nous voulûmes
pouvoir	je pus nous pûmes

les verbes en -in-	
venir	je vins nous vînmes
tenir	je tins nous tînmes

Le verbe **aller** a les mêmes terminaisons que les verbes du 1er groupe.
j'allai • nous allâmes

Je consulte les tableaux de conjugaison à la fin du manuel.

1 Identifie les verbes et indique s'ils sont à l'imparfait ou au passé simple.

a Les enfants voulaient un conte de fées.
b Tu fis une pirouette arrière.
c J'allais au conservatoire les jeudis soir.
d Le taureau put s'échapper de l'enclos.
e J'allai à travers champs.
f Elles dirent la vérité.
g Il vint nous rendre visite.
h Vous prîtes peur.

2 Conjugue les expressions suivantes au passé simple à toutes les personnes.

a satisfaire une demande
b recevoir un ami
c tenir la porte
d prédire la victoire

3 Identifie les verbes au passé simple et indique leur infinitif.

a Nous pûmes traverser la rivière en barque.
b Il défit lentement le paquet-cadeau.
c Je pris un bâton pour la randonnée.
d Vous vîtes soudain l'avion surgir des nuages.
e Les élèves furent surpris par la neige.
f Tu eus soudain envie de courir jusqu'à la mer.

4 Complète les phrases par le verbe proposé au passé simple.

a *(refaire)* Nous ... le trajet en sens inverse.
b *(prévoir)* Les météorologues ... un hiver très doux.
c *(être)* Mon grand-père ... un cuisinier réputé dans sa jeunesse.
d *(prendre)* Je ... congé du professeur.
e *(vouloir)* Vous ... rester encore un peu.
f *(avoir)* Elsa ... de nombreux témoignages de sympathie.

5 Complète les phrases par le verbe proposé au passé simple.

a *(grincer)* La plume du stylo ... sur le papier.
b *(revenir)* Elle ... finalement chez sa grand-mère.
c *(tenir, entrer)* Il ... la porte et la dame ... dans la boutique.
d *(rougir)* Léa ... de confusion.
e *(voir)* Tu ... ce film avant l'été.

6 Identifie le temps de chaque verbe et mets-le au passé simple.

a Vous vouliez rester plus longtemps.
b Charles a une belle récompense.
c Tu prends un coup sur la tête.
d Les élèves font leurs devoirs rapidement.

7 Identifie et analyse les verbes conjugués comme dans l'exemple.

Exemple : Elle prit le train de 10 h 13.
*→ verbe **prendre**, verbe d'action du 3e groupe, 3e personne du singulier du passé simple*

a Nous fûmes malades pendant le voyage.
b J'eus soudain envie de rire.
c Les guerriers reprirent courage.
d Un matin, tu vis la première hirondelle du printemps.

L'emploi de l'imparfait et du passé simple

Séance 43

→ Mes rituels quotidiens : page 153

J'observe

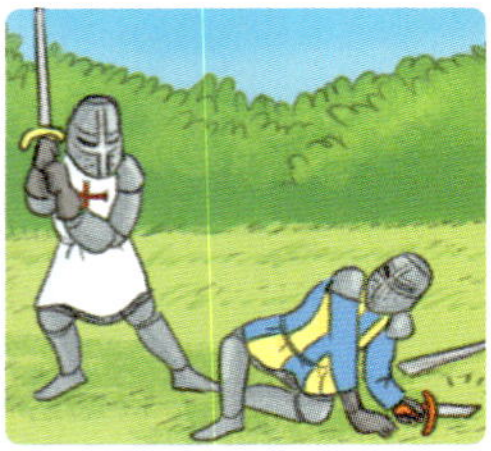

Chaque année, le seigneur organisait un grand tournoi.
action qui se répète

Le chevalier était très jeune mais il remporta le tournoi.
description *action brève et achevée*

Il se battait courageusement mais son épée se brisa.
action qui dure *action brève*

▶ L'imparfait et le passé simple sont **deux temps simples du passé** qui peuvent être utilisés ensemble dans un même texte et dans une même phrase.

▶ Le verbe est à l'imparfait :
- pour faire une **description** dans un récit au passé ;
- pour exprimer un **état** ou une **action qui dure** ou **se répète** dans le passé.

▶ Le verbe est au passé simple pour exprimer une **action importante**, qui s'est produite une fois dans le passé.
Le passé simple est surtout utilisé à l'**écrit** dans les récits.

1 Indique le temps des verbes soulignés et justifie leur emploi.

a À la fin du concours, Le jury récompensa le vainqueur.
b Des douves profondes entouraient le donjon.
c Tom était accusé injustement, mais nous prîmes sa défense.
d Il faisait beau depuis le matin. Soudain les nuages obscurcirent le ciel.
e Les eaux du lac reflétaient la cime des montagnes enneigées.
f Vous alliez tous les ans rendre visite à vos grands-parents.

2 Identifie les verbes, indique leur temps et justifie leur emploi.

a Le troupeau de moutons rejoignait son alpage au début de l'été.
b Cet auteur publia de nombreux ouvrages scientifiques.
c Les invités arrivèrent tard, nous les attendions depuis le matin.
d Des instruments trônaient au milieu de la scène.
e La nuit était calme et silencieuse quand un hibou hulula.

3 Choisis la forme verbale qui convient le mieux.

a Les motos de police *étaient | furent* puissantes : elles rattrapèrent sans difficulté l'évadé.

b Les grenouilles coassaient dans la mare lorsque, soudain, le silence *se fit | se faisait*.

c Nous *traversâmes | traversions* la route car la foule envahissait le trottoir.

d Tu resplendis de joie quand le président du jury *te remit | te remettait* la coupe.

e À chaque printemps, les fleurs sauvages *envahirent | envahissaient* les champs et les oiseaux *chantèrent | chantaient* dans la forêt.

4 Complète les phrases par le verbe proposé au temps qui convient le mieux (imparfait ou passé simple) et justifie.

a *(tricoter)* Le soir, grand-mère ... au coin de sa cheminée.

b *(pénétrer)* La comète ... dans l'atmosphère à toute vitesse.

c *(pâlir)* Tu ... sous l'effet de la surprise.

d *(avoir)* Sa sœur ... trois ans de moins que lui.

e *(blanchir)* Ses cheveux ... un peu plus chaque année.

f *(partir)* Je ... sans demander mon reste.

5 Identifie et analyse les verbes comme dans l'exemple.

Exemple : Tous les matins, je partais à l'école en bus.
*→ verbe **partir**, verbe d'action du 3e groupe, 1re personne du singulier de l'imparfait exprimant une habitude dans le passé*

a De belles fleurs ornaient la façade des maisons.

b Au carrefour, tu freinas brutalement.

c Quand il était petit, Thibault démontait tous ses jouets.

d Les navigateurs traversèrent l'océan en quelques semaines.

e Durant sa maladie, Elsa reçut beaucoup de gentils messages.

f Je chantais quand ma voix se brisa.

À ton tour !

→ **Invente :**

- **une phrase contenant un verbe d'action exprimant une habitude dans le passé ;**
- **une phrase contenant un verbe d'état à l'imparfait et un verbe d'action au passé simple.**

Ce que j'ai appris

Séance 44

L'imparfait

Le chevalier bleu se battait courageusement.

radical (batt) *terminaison de l'imparfait* (ait)

verbes à l'imparfait		
radical du verbe	+ terminaison	
	-ais	-ions
	-ais	-iez
	-ait	-aient

Le passé simple

Il remporta le tournoi.

radical (remport) *terminaison* (a)

verbe *aller* + verbes du 1er groupe		
radical du verbe	+ terminaison	
	-ai	-âmes
	-as	-âtes
	-a	-èrent

verbes du 2e groupe		
radical du verbe	+ terminaison	
	-s	-îmes
	-s	-îtes
	-t	-irent

verbes du 3e groupe		
radical du verbe (-u- ; -i- ; -in-)	+ terminaison	
	-s	-^mes
	-s	-^tes
	-t	-rent

L'imparfait et le passé simple

L'**IMPARFAIT** exprime un état ou une action qui se répète dans le passé. Il permet aussi de faire une description dans le passé.

Le chevalier se battait courageusement,
il remporta finalement le tournoi.

Le **PASSÉ SIMPLE** exprime des actions importantes, limitées dans le passé. Il est surtout utilisé à l'écrit.

Je révise

Séance 45

1 Identifie le temps de chaque verbe et justifie son emploi.

a Tu partais tôt pour arriver à l'heure à l'école.
b Je marchai sur la pointe des pieds.
c Nous criions des encouragements à notre équipe.

2 Complète chaque phrase par un sujet qui convient.

a ... rangeais ma chambre.
b ... finîtes rapidement de dîner.
c ... prirent leurs jambes à leur cou.
d ... allai vite chez le médecin.

3 Complète chaque phrase par le verbe proposé à l'imparfait.

a *(se dégourdir)* Martin ... les doigts avant de jouer au piano.
b *(admirer)* Nous ... les étoiles filantes chaque mois d'août.
c *(prendre)* Mes frères ... leur goûter dans la cuisine.

4 Mets le sujet au pluriel et accorde le verbe.

a Tu pliais du linge avec ta sœur.
b Je balayais la neige sur le trottoir devant la maison.
c Je changeais de livres à la bibliothèque.

5 Complète chaque phrase par le verbe proposé au passé simple.

a *(bondir)* Le kangourou ... soudain de son enclos.
b *(être)* Vous ... surpris par l'orage.
c *(prendre)* Nous ... les clefs de la voiture.

6 Choisis la forme verbale qui convient le mieux.

a D'un coup, le vent *fit* | *faisait* claquer la porte du garage.
b J'*allai* | *allais* à la piscine tous les samedis.
c La chaise *tomba* | *tombait* au sol dans un grand fracas.

7 Analyse les verbes soulignés.

a Le feu crépitait sous la marmite quand l'eau déborda et l'éteignit.
b Les skieurs dévalèrent la piste alors que la tempête approchait.

Mon projet d'écrivain

J'écris à l'imparfait et au passé simple.

1 **A** **Retrouve le nom de chaque élément de l'équipement d'un chevalier.**

l'écu *le heaume* *le haubert* *la lance* *le baudrier* *le destrier*

a Le casque du chevalier s'appelle … .
b Le bouclier s'appelle … .
c La cotte de mailles s'appelle … .
d La ceinture qui sert à fixer l'épée s'appelle … .
e Le cheval de combat s'appelle … .
f L'arme que les chevaliers utilisent pendant les tournois s'appelle … .

B **Avec les verbes suivants, forme quatre phrases à l'imparfait pour décrire l'équipement du chevalier.**

se vêtir *fixer* *saisir* *porter*

2 **Mets les verbes entre parenthèses au temps demandé.**

Perceval et Anguingueron *(s'élancer → passé simple)* l'un contre l'autre sans se défier ni s'adresser la parole. Les deux chevaux *(être → l'imparfait)* rapides et les chevaliers puissants. Les deux hommes *(se frapper → passé simple)* si fort que leurs boucliers *(se briser → passé simple)* en même temps que les lances. Ils *(tomber → passé simple)* de cheval et *(se jeter → passé simple)* l'un sur l'autre.

D'après Chrétien de Troyes, Perceval *ou* Le Conte du Graal

3 **Écris à l'imparfait un paragraphe pour décrire Godefroy qui se prépare pour le combat, et au passé simple un paragraphe dans lequel les chevaliers s'affrontent lors d'un tournoi (utilise la 3e personne du singulier et du pluriel).**

Godefroy était chevalier. Le roi organisa une grande fête dans son château. Godefroy devait se préparer pour le tournoi, il allait affronter un vaillant chevalier.

Les étapes pour être un bon écrivain :
1) **J'évoque** l'histoire dans ma tête.
2) **Je me dis** les phrases dans la tête.
3) **J'écris mes phrases** en me les dictant.
4) **Je relis mes phrases** en vérifiant les accords et les verbes.

Unité 7

Autour de la phrase

Les types et les formes de phrases

Séance 46

J'observe

→ Mes rituels quotidiens : page 154

C'est un beau puzzle !
J'aime beaucoup les puzzles.
Qui me fait ce cadeau ?

▼ La première phrase est une phrase exclamative, la deuxième est une phrase déclarative et la troisième est une phrase interrogative.

▶ **Les types de phrases :**

Selon ce que l'on veut exprimer, on peut utiliser **trois types de phrases**.

- Pour donner une **information** : la phrase déclarative.
Elle se termine par un **point**.
- Pour poser une **question** : la phrase interrogative.
Elle se termine par un **point d'interrogation**.
- Pour exprimer une **émotion** : la phrase exclamative.
Elle se termine par un **point d'exclamation**.

Il existe un 4e type de phrase : la **phrase impérative** (séance 52, page 110).

▶ **Les formes de phrases :**

Chacune de ces phrases peut être soit à la forme affirmative, soit à la forme négative.

- La phrase à la forme affirmative affirme une information : l'action exprimée par le verbe a lieu. → Iris est venue à la fête de Nicolas.
- La phrase à la forme négative nie une information : l'action exprimée par le verbe n'a pas lieu. → Matteo n'est pas venu à la fête de Nicolas.

1 Identifie les phrases déclaratives, interrogatives et exclamatives.

a. Les abeilles butinent de fleur en fleur.
b. Où vendez-vous vos légumes ?
c. Attention, tu vas tomber !
d. Les animaux montent dans l'arche.
e. Que vous êtes jolie dans cette belle robe !
f. Quelle opération allez-vous faire ?

2 **Identifie les phrases à la forme affirmative et à la forme négative.**

a La météo ne s'annonce pas bonne.
b Les marins doivent revenir au port.
c Leila et Yanis ne font jamais de bêtises.
d Mon oncle et ma tante me proposent un séjour au ski.
e Vous n'avez plus besoin de mon aide.
f Tu n'oublies jamais de faire ton lit le matin.

3 **Identifie les types de phrases et dis si elles sont affirmatives ou négatives.**

a Je ne sors jamais sans mon parapluie.
b As-tu compté les étoiles filantes ?
c Que je suis admirative de votre courage !
d Ne viendrez-vous pas dîner à la maison demain ?
e Que la mer est chaude !
f Alice déteste les boissons pétillantes.

4 **Complète chaque phrase avec le signe de ponctuation qui convient et indique le type de phrase employé.**

a Que ce château est beau …
b Un accident a eu lieu sur la route …
c As-tu appris toutes tes leçons …
d Comment allez-vous …
e L'avion a décollé à l'heure …
f Comme tu m'as fait plaisir …

5 **Transforme les phrases à la forme exclamative, puis interrogative.**

Exemple : Le coucher de soleil est beau.
→ Que le coucher de soleil est beau !
→ Est-ce que le coucher de soleil est beau ?

a Il aime les puzzles.
b Nous chantons joyeusement.
c Ces cerises sont bien mûres.
d Le petit chat est très mignon.
e Le vent souffle fort.
f Tu es un gentil garçon.

À ton tour !

→ **À partir de la grande image page 97, invente :**
- **une phrase déclarative à la forme négative ;**
- **une phrase interrogative à la forme affirmative ;**
- **une phrase exclamative.**

La phrase interrogative : l'interrogation totale

Séance 47

→ Mes rituels quotidiens : **page 154**

J'observe

Nicolas souffle-t-il toutes les bougies ?
verbe sujet

Est-ce qu'il est content ?

▶ Lorsque la question posée attend pour réponse ***oui*** ou ***non***, c'est une interrogation totale.

Vient-il à la fête ? Oui, il vient.

▶ On forme l'interrogation totale :

- en faisant précéder la phrase déclarative de la locution ***est-ce que*** ;
  Est-ce qu'il vient à la fête ?
- en **inversant le pronom sujet et le verbe** de la phrase déclarative.
  Vient-il à la fête ?

– Quand le sujet est un nom ou un groupe nominal, on le place avant le verbe et on le rappelle par le pronom personnel qui lui correspond, relié au verbe par un tiret.

Mathieu vient-il à la fête ? • Ton meilleur ami vient-il ?

– On ajoute un accent au **e** → **é** à la 1re personne du singulier des verbes du 1er groupe.

Chang**é**-je de tenue ?

– Si l'auxiliaire ou le verbe ne sont pas terminés par un **-t** ou un **-d** à la 3e personne du singulier, on ajoute la lettre **t**, placée entre deux traits d'union après le verbe ou l'auxiliaire.

Réussira**-t-**il son examen ? • A-**t**-elle récupéré son colis ?

1 Parmi les phrases interrogatives, identifie les interrogations totales.

a. Est-ce que les cigognes sont des oiseaux migrateurs ?
b. Quelle note as-tu obtenue à ta dictée ?
c. Savez-vous si la boulangerie est ouverte ?
d. Combien de billes as-tu gagnées à la récréation ?
e. Comment s'appelle le nouvel élève ?

2 **Transforme chaque phrase déclarative en phrase interrogative comme dans l'exemple.**

Exemple : Tu manges des poires. → *Est-ce que tu manges des poires ?*

a. Il apprend ses tables de multiplication.
b. J'irai au jardin zoologique lundi prochain.
c. Nous partons en week-end.
d. Vous avez rangé vos affaires dans votre armoire.
e. Tu choisiras une nouvelle paire de lunettes.

3 **Transforme les phrases déclaratives en phrases interrogatives.**

Exemple : Tu manges des poires. → *Manges-tu des poires ?*

a. Vous êtes en vacances.
b. Nous avons fait un bon voyage.
c. Elle était ravie de sa soirée.
d. Votre hôtel vous plaît.
e. Vous vous promènerez.
f. Tu choisis un restaurant.

4 **Transforme les phrases déclaratives en phrases interrogatives.**

Exemple : Il écoute la leçon. → *Écoute-t-il la leçon ?*

a. Il visitera des musées.
b. J'arrive en avion.
c. Lucas va à la piscine.
d. Malik joue aux échecs.

5 **Retrouve les questions qui ont obtenu ces réponses.**

a. Non, le train est en retard.
b. Oui, j'ai lu trois livres.
c. Oui, ils ont remporté la médaille.
d. Oui, Gaëlle aime la crème de marrons.
e. Non, je ne pratique aucun instrument de musique.

6 **Réponds aux questions avec une phrase déclarative.**

a. As-tu des frères et sœurs ?
b. Aimez-vous les cerises ?
c. Les élèves sont-ils tous assis ?
d. Est-il l'heure de la récréation ?
e. Partirez-vous en vacances cet été ?
f. As-tu compris l'exercice ?

À ton tour !

→ **Pense à un objet dans la classe. Demande à ton voisin ou ta voisine de deviner l'objet que tu as choisi en te posant des questions. Tu ne peux répondre que par oui ou par non.**

La phrase interrogative : l'interrogation partielle

Séance 48

→ Mes rituels quotidiens : **page 154**

J'observe

Qui veut encore du gâteau ?

Il reste plusieurs parts. Laquelle veux-tu ?

▼ Qui et laquelle sont des pronoms interrogatifs.

▶ Lorsque la question posée demande **une information précise**, c'est une interrogation partielle.
Elle commence par un **mot interrogatif** et le verbe est placé avant le sujet.

▶ **Pour construire une interrogation partielle**, nous pouvons utiliser :

- le déterminant interrogatif ***quel*** devant un nom (séance 4, page 14) ;
Quelle nouvelle as-tu apprise ?

- un adverbe interrogatif : ***pourquoi***, ***comment***, ***où***, ***combien***… (séance 34, page 74) ;
Pourquoi es-tu tout pâle ?

- un pronom interrogatif : ***qui***, ***que***, ***quoi***, ***lequel***, ***laquelle***, ***lesquels***, ***lesquelles***, ***duquel***, ***de laquelle***…
Qui frappe à la porte ? • Que m'annonces-tu ?

▶ Le pronom interrogatif **indique la personne**, **l'animal** ou **la chose** que l'on veut connaître.

Le pronom interrogatif **indique un nom** ou un groupe nominal, il a donc les mêmes fonctions que lui.

Qui vient dormir à la maison ce soir ? Simon vient dormir ce soir.
pronom interrogatif, sujet du verbe ***vient***

Avec quoi peins-tu ? Je peins avec mon pinceau préféré.
pronom interrogatif, complément circonstanciel de moyen

Qui remplace uniquement un être humain.

1 **Relève le mot interrogatif et dis si c'est un adverbe ou un déterminant.**

a. Quelle cravate mets-tu ?
b. Pourquoi rit-elle ?
c. Quels amis invitez-vous ?
d. Comment t'appelles-tu ?
e. Quelles fleurs achète-t-il ?
f. Quand partons-nous skier ?

2 **Relève le mot interrogatif et dis si c'est un adverbe, un déterminant ou un pronom.**

a) Quel cadeau désirez-vous ?
b) Pourquoi cries-tu ?
c) Qui invitez-vous ?
d) Combien de lettres as-tu reçues ?

3 **Identifie le mot interrogatif utilisé.**

a) Laquelle de tes amies est ta préférée ?
b) Quelle couleur préfères-tu ?
c) De quoi te souviens-tu ?
d) Pourquoi Léon a-t-il été puni ?

4 **Complète les questions par le déterminant interrogatif qui convient.**

a) ... graines plantes-tu ?
b) ... cahiers doit-il prendre ?
c) ... nappe devons-nous choisir ?
d) À ... oncle écris-tu ?

5 **Complète les questions par l'adverbe interrogatif qui convient.**

a) ... as-tu une punition ?
b) ... se trouve votre garagiste ?
c) ... sera-t-il l'heure du goûter ?
d) ... de billes as-tu dans ton sac ?

6 **Complète les questions par le pronom interrogatif lequel bien accordé.**

a) Parmi tous tes amis, ... est le plus drôle ?
b) ... de tes jupes mets-tu pour la cérémonie ?
c) Ce train régional s'arrête à de nombreuses gares, à ... descendras-tu ?
d) Manon détache les pulls et les gilets du fil à linge : « ... sont à Marin ? »

7 **Complète les questions par le pronom interrogatif qui convient.**

a) ... prépares-tu pour le dîner ?
b) ... de tes robes préfères-tu ?
c) À ... parles-tu ?
d) Sur ... travaillez-vous ?

8 **Réponds aux questions suivantes par une phrase complète.**

a) Qui appelez-vous en cas d'incendie ?
b) Qu'éteignent-ils avec leur lance ?
c) Que font-ils d'autre ?
d) Avec quoi montent-ils sur les toits ?

9 **Identifie et analyse les mots interrogatifs comme dans l'exemple.**

Exemple : Quels poètes préfères-tu ?
→ déterminant interrogatif, masculin pluriel, détermine le nom ***poètes***

a) Quels itinéraires choisissez-vous ?
b) À quoi songes-tu ?
c) Où a-t-il mis les clés ?
d) Voici des robes : laquelle veut-elle ?

La phrase exclamative

Séance 49

J'observe

→ Mes rituels quotidiens : page 155

Quel beau puzzle tu m'offres !

Comme je suis content !

▼ Quel est un déterminant exclamatif.

▼ Comme est un adverbe exclamatif.

▶ La phrase exclamative peut être introduite par :

- un déterminant exclamatif (séance 4, page 14) : ***quel***, ***quelle***, ***quels***, ***quelles*** ;

  Quelle odeur émane de ces roses !

- un adverbe exclamatif : ***que***, ***comme***.

  Comme la mer est calme !

▶ La phrase exclamative peut aussi simplement s'identifier à l'écrit par son point d'exclamation.

Ce tableau est magnifique !

Le déterminant exclamatif **s'accorde** en genre et en nombre **avec le nom** qu'il accompagne.

À l'oral, la phrase exclamative s'identifie à son intonation particulière.

1 Identifie les phrases exclamatives.

a Quelle chaleur dans cette serre !
b Sors le gâteau du four.
c Quel animal préférez-vous ?
d Quel paysage splendide s'étend devant nous !
e Vous venez admirer mon œuvre.
f Comme vous êtes jolis !
g Quel itinéraire Joseph a-t-il pris ?
h Tu as beaucoup de chance !
i Les nouvelles ne sont pas rassurantes.

2 **Relève le mot exclamatif et indique si c'est un adverbe ou un déterminant.**

a. Que ce temple grec est beau !
b. Que je suis soulagée d'être là !
c. Comme vous êtes pâles !
d. Quelle merveilleuse idée tu as !
e. Qu'il est drôle !
f. Comme je vous aime !

3 **Transforme les phrases déclaratives en phrases exclamatives comme dans l'exemple.**

Exemple : Les moustiques sont nombreux.
→ *Que les moustiques sont nombreux !*
→ *Comme les moustiques sont nombreux !*

a. La vue est splendide.
b. Les nouvelles sont réjouissantes.
c. Leur départ fut mouvementé.
d. Cette statue est remarquable.
e. Tu me manques.
f. Ce film est terrifiant.

4 **Complète les phrases exclamatives par le déterminant exclamatif qui convient.**

a. ... frayeur, tu me fais peur !
b. ... bonheur, cette nouvelle me réjouit !
c. ... athlètes, elles remportent trois médailles d'or !
d. ... roman palpitant, je le dévore !
e. ... beaux exemples, les enfants aiment écouter l'histoire des chevaliers !
f. ... déception, les cousins ne viendront pas !

5 **Indique quel sentiment exprime chacune de ces phrases exclamatives.**

dégoût *admiration* *peur* *surprise* *colère*

a. Quelle odeur nauséabonde !
b. Quel homme extraordinaire de courage !
c. Quel affront, c'est intolérable !
d. Je n'en reviens pas de te voir ici !
e. Comme c'est profond et obscur !

À ton tour !

→ **Rédige une phrase exclamative pour chaque sentiment.**

a. *admiration* b. *tristesse* c. *peur* d. *joie*

La phrase négative

Séance 50

J'observe

→ Mes rituels quotidiens : page 155

Nicolas ne sais pas où donner de la tête !
verbe

Il n'a pas encore ouvert tous ses cadeaux.
auxiliaire participe passé

▶ Pour mettre une phrase à la forme négative, on emploie :

- une locution adverbiale de négation :
ne … pas*, *ne … jamais*, *ne … plus*, *ne … guère, …

La locution adverbiale de négation **encadre le verbe**, **ou l'auxiliaire** quand le verbe est à un temps composé.

- la négation ***ne* accompagnée d'un pronom** (***personne***, ***nul***, ***rien***) **ou d'un déterminant** (***aucun***).
Les pronoms ***personne*** et ***rien*** peuvent se situer avant ou après le ***ne*** selon qu'ils sont sujets ou compléments.

Il **n'**a vu personne.
complément

Personne **n'**est arrivé.
sujet

Nicolas **n'**achète rien.
complément

Rien **n'**est fini.
sujet

▶ Lorsque le sujet et le verbe (ou l'auxiliaire) sont inversés **dans une phrase interrogative**, ils sont **encadrés par la locution adverbiale**.
Ne prendrons-nous pas le taxi ?

1 **Identifie les phrases négatives.**

a Mon grand-père n'éteint pas sa radio.
b J'oublie régulièrement de mettre mon réveil.
c Alice ne prend jamais ses affaires.
d Ton cousin ne trouvera aucun champignon dans cette forêt.
e Prenez-vous toujours le même bus ?
f N'as-tu pas fini tes devoirs ?

2 **Identifie les locutions adverbiales de négation.**

a Théo ne porte jamais son cartable sur le dos.
b Alice est une enfant difficile : elle n'aime pas les légumes verts.
c Pierrot n'atteindra jamais la lune.
d Adrien ne veut plus caresser le chien.
e Nous ne pouvons plus partir mercredi comme prévu.

3 **Identifie les pronoms et les déterminants de négation.**

a Ma cousine ne comprend rien à ce jeu.
b Personne ne connaît la leçon.
c Luc et Nina ne rencontrent aucun ami.
d Rien n'est à déclarer.
e Tu ne cours aucun risque.
f Nous ne parlons à personne.

4 **Mets chaque phrase affirmative à la forme négative.**

a Alexis devinera l'énigme.
b Sophie et Paul grimpent aux arbres.
c Les loups affamés dévoraient les agneaux.
d Rémy sait nager, il a appris avec un moniteur.

5 **Mets chaque phrase affirmative à la forme négative en employant le mot donné entre parenthèses.**

a *(rien)* Mes parents remportent quelque chose à la tombola.
b *(personne)* Quelqu'un frappe à la porte.
c *(guère)* Tim collectionne beaucoup de soldats de plomb.
d *(aucun)* Les policiers arrêtent tous les automobilistes.
e *(rien)* Aude a tout préparé pour la venue de ses amies.

6 **Mets chaque phrase interrogative à la forme négative.**

a Avez-vous attrapé des poissons ?
b Louis et Michel visitent-ils le château de Chambord ?
c As-tu déjà rencontré la petite souris ?
d Aurons-nous des embouteillages en quittant Paris ?

À ton tour !

→ **Invente une phrase négative avec les locutions adverbiales suivantes.**

a *ne … jamais* b *ne … plus* c *personne ne*

Le mode impératif

Séance **51**

J'observe

→ Mes rituels quotidiens : **page 155**

Souffle sur les bougies, Nicolas !
Fais un vœu.

▼ Souffle et fais sont les verbes ***souffler*** et ***faire*** à l'impératif présent.

▶ Un mode est la manière de présenter l'état ou l'action exprimé par le verbe.
Le mode indicatif **exprime une action** ou un état réels (séance 18, page 42).
Le mode impératif **exprime un ordre** ou un conseil donné au moment où on parle.

▶ L'impératif présent ne se conjugue qu'à **trois personnes** : la 2e personne du singulier, la 1re personne du pluriel et la 2e personne du pluriel.
Le pronom personnel sujet n'est jamais exprimé.

▶ Quand les **verbes pronominaux** (séance 15, page 36) sont à l'impératif, les pronoms compléments (***toi***, ***nous*** et ***vous***) viennent après le verbe.

Tais-toi. • Dépêchons-nous !

▶ Verbe du **1er groupe** : *chante*, *chantons*, *chantez*
Verbe du **2e groupe** : *finis*, *finissons*, *finissez*
Verbe du **3e groupe** : *mets*, *mettons*, *mettez*
ouvre, *ouvrons*, *ouvrez*
Verbe **être** : *sois*, *soyez*, *soyons*.
Verbe **avoir** : *aie*, *ayez*, *ayons*

Quand le verbe terminé par une voyelle est suivi des pronoms **en** ou **y**, il faut mettre un **s** et un tiret.
Pense**s-**y ! • Va**s-**y !

1 **Identifie les verbes à l'impératif présent.**

a Nous prenons notre petit déjeuner.
b Ne bois pas trop vite.
c Choisissons de belles fleurs pour la fête des Mères !
d Tenez bien le tire-fesses pour ne pas tomber.
e Vous devez écouter les adultes.

Je peux m'aider des tableaux de conjugaison à la fin du manuel.

2 **Conjugue les verbes suivants au présent de l'impératif.**

a soigner   b choisir   c tenir   d lire   e boire   f offrir

3 **Mets les verbes au présent de l'impératif à la 2e personne du singulier.**

a *(Cassez)* les œufs.
b *(Battre)*-les.
c *(Saler)* à ta guise.
d *(Mettre)* dans la poêle.
e *(Surveiller)* la cuisson.
f *(Servir)* les convives.

4 **Mets les verbes au présent de l'impératif à la personne demandée.**

Exemple : se taire ▶ 2e personne du singulier → Tais-toi !

a *(prêter ▶ 2e personne du pluriel)*-moi vos ciseaux.
b *(courir ▶ 1re personne du pluriel)* avec courage.
c *(avoir ▶ 1re personne du pluriel)* notre cahier bien tenu.
d *(être ▶ 2e personne du pluriel)* gentils avec vos grands-parents.
e *(sourire ▶ 1re personne du pluriel)* pour la photo de classe.

5 **Mets les verbes au présent de l'impératif à la personne demandée.**

a *(s'habiller ▶ 2e personne du pluriel)* rapidement pour ne pas être en retard.
b *(se laver ▶ 2e personne du singulier)* les mains avant de déjeuner.
c *(se réjouir ▶ 1re personne du pluriel)* de cette grande nouvelle.
d *(se parler ▶ 1re personne du pluriel)* gentiment !
e *(se servir ▶ 2e personne du pluriel)* avec modération !

6 **Mets les verbes au présent de l'impératif à la 2e personne du singulier.**

a *(Apporter)* des poires à ta grand-mère.
b *(Aller)*-y vite pour ne pas faire attendre ton professeur de musique.
c *(Prendre)* du raisin, *(grignoter)*-en quelques grains.
d À la rentrée, Léa rassure sa sœur : « *(avoir)* confiance, *(s'appliquer)* et ça se passera bien. »
e *(Sortir)* la tarte du four et *(couper)*-en quelques parts.

7 **Identifie et analyse les verbes comme dans l'exemple.**

Exemple : Recopie ta leçon.
*→ verbe **recopier**, verbe d'action du 1er groupe, 2e personne du singulier de l'impératif présent*

a Agathe met le couvert.
b Sers-toi de sirop dans un verre.
c Prenons notre temps.
d Amel choisit une part du gâteau.

À ton tour !

→ **Écris cinq règles de politesse à l'impératif présent.**

La phrase impérative

Séance 52

→ Mes rituels quotidiens : page 155

J'observe

Souffle fort !

N'oublie aucune bougie.

▶ La phrase impérative permet d'exprimer :

- un ordre → Range ta chambre !
- un conseil → Reposons-nous un peu.
- une demande → Venez m'aider, s'il vous plaît.
- une interdiction → Ne faites pas de bruit.

Elle se termine soit par un **point**, soit par un **point d'exclamation**.

▶ Une phrase impérative contient un verbe à l'impératif. Le sujet n'est jamais exprimé.

Ferme la porte à clef. • Ne marchez pas sur la pelouse.

1 Identifie les phrases impératives.

a. Andrea est arrivée en retard à son rendez-vous.
b. Cesse de plaisanter sans cesse.
c. Cet artiste est extraordinaire !
d. Dépêchons-nous !
e. Mes parents ne parlent pas espagnol.
f. Nous devons repeindre le portail.
g. Fouette les œufs, ajoute le fromage et coupe les olives.

2 Relève les verbes à l'impératif et indique ce qu'ils expriment : un ordre, un conseil ou une demande.

a. Cessez de vous disputer !
b. Prête-moi une cartouche, s'il te plaît.
c. Partons tôt demain matin pour voir le lever du soleil.

d Léon et Blandine, donnez-moi vos valises.
e Disons toujours la vérité.
f Combien de lettres as-tu reçues ?
g Quelles fleurs achète-t-il ?
h Tâche de réussir ta recette, ainsi nous nous régalerons.

3 Transforme les phrases déclaratives en phrases impératives.

a Nous devons récupérer les enfants après l'école.
b Tu peux éplucher les pommes.
c Il est interdit de klaxonner dans ce village.
d Vous pouvez prendre le bac à Jumièges.
e Tu dois prendre conseil auprès de tes parents.
f Il est interdit de s'éloigner des bouées.
g Tu dois connaître tes dates d'histoire par cœur.

4 Invente des phrases impératives comme dans l'exemple.

Exemple : 2e personne du singulier Défense de s'avancer. → Ne t'avance pas !

a *1re personne du pluriel* Circulation interdite.
b *2e personne du pluriel)* Interdiction de stationner.
c *1re personne du pluriel* Défense de chasser et de pêcher.
d *2e personne du singulier* Dépassement interdit.
e *1re personne du pluriel* Interdiction de crier.
f *2e personne du pluriel* Escalade interdite.
g *2e personne du singulier* Klaxon défendu.

5 Identifie et analyse les verbes comme dans l'exemple.

Exemple : Dormons tranquillement !
*→ verbe **dormir**, verbe du 3e groupe, 1re personne du pluriel de l'impératif présent*

a Applaudissez à tout rompre !
b Maudissons les injustices.
c Ne crois pas tous ces mensonges.
d Ne conduis pas avec imprudence.
e Suivons l'exemple des grands héros de notre histoire.

À ton tour !

→ **Rédige une recette de tarte aux pommes en six phrases impératives.**

Ce que j'ai appris

Séance 53

Les types de phrases

forme affirmative	forme négative
La phrase déclarative	
Louis dort dans son lit.	Louis ne dort pas dans son lit.
La phrase interrogative	
Louis dort-il ?	Louis ne dort-il pas ?
Est-ce que Louis dort ?	Est-ce que Louis ne dort pas ?
Pourquoi Louis dort-il ?	Pourquoi Louis ne dort-il pas ?
La phrase exclamative	
Qu'il dort bien !	Qu'il ne dort pas bien !
La phrase impérative	
Dors dans ton lit !	Ne dors pas dans ton lit !

L'impératif présent

Ayez confiance.
Sois honnête.

Chantons tous en chœur !
Finis l'exercice.
Mettez les fleurs dans un vase.
Ouvre vite ton cadeau !

avoir	être	1er groupe	2e groupe	3e groupe	
		chanter	**finir**	**mettre**	**ouvrir**
aie ayons ayez	sois soyons soyez	chante chantons chantez	finis finissons finissez	mets mettons mettez	ouvre ouvrons ouvrez

Je révise

Séance 54

1 Identifie le type de chaque phrase.

a Je te demande ton adresse.
b Réponds à ma question.
c Je n'ai jamais assisté à un tel spectacle !
d Votre cahier est très soigné.
e Comme c'est dommage de jeter toutes ces feuilles !
f Comment ton oncle allait-il ?
g Ne courez pas le long de la piscine.

2 Mets chaque phrase affirmative à la forme négative.

a Mangez tous les légumes.
b As-tu tes affaires ?
c Sofia fait toujours des fautes en dictée.
d Constance aime les épinards, les haricots et les petits pois.
e Lucas et Amel sont déjà allés au Puy du Fou.
f Voulez-vous de la confiture ?

3 Mets chaque phrase déclarative à la forme interrogative comme dans l'exemple.

Exemple : Il part en Norvège. → Part-il en Norvège ?

a Aliénor mange de tout.
b Louis et son frère iront dîner chez leurs grands-parents.
c Vous êtes invités chez Quentin.
d Aude joue toute seule sur scène.
e Il choisira sa prochaine voiture.
f Mon père coupera les branches du marronnier.

Je pense bien au **t** de liaison.

4 Retrouve les questions qui ont obtenu ces réponses.

a Hadrien prend trois places de cinéma.
b Son train arrive à midi.
c Alice passera trois semaines en Corse.
d Non, je ne peux pas venir au zoo.
e Ils retrouvaient leur route grâce à leur carte.
f Son canapé est couleur taupe.

5 Complète ces questions avec le mot interrogatif qui convient.

a ... a-t-il choisi pour son déjeuner ?
b À ... bureau voulez-vous vous installer ?
c ... a écrit le conte de *La Petite Sirène* ?
d ... de nous a fermé la porte de la maison ?
e ... de tes amies veux-tu inviter à ton anniversaire : Emma ou Clara ?

6 Mets chaque phrase négative à la forme affirmative.

a Marie n'a plus fait de vélo depuis l'été dernier.
b Mes parents ne vont jamais au restaurant.
c Léon n'a guère de bons points.
d Nous n'assisterons pas à la réunion familiale.
e Je n'ai rien perdu.

7 Invente des phrases impératives comme dans l'exemple.

Exemple : *2e personne du pluriel* *Interdiction de sortir.* → *Ne sortez pas.*

a *1re personne du pluriel* Interdiction de photographier les tableaux.
b *2e personne du pluriel* Défense d'applaudir.
c *2e personne du singulier* Interdiction de courir.
d *1re personne du pluriel* Obligation de jeter les poubelles.

8 Relève les pronoms interrogatifs et donne leur fonction.

a Que regardez-vous à la loupe ?
b À qui écris-tu cette belle lettre ?
c Avec quoi nous servons-nous ?
d Qui accepte de m'aider ?

Je révise les pronoms

Séance 55

1 Identifie le pronom personnel correspondant à la personne donnée.

a 2e personne du pluriel
b 3e personne du masculin pluriel
c 1re personne du singulier
d 3e personne du féminin singulier
e 2e personne du singulier

2 Identifie le verbe et indique sa personne de conjugaison.

a Nous partons tous en Martinique.
b Rémi et Mathias marchaient dans les marais.
c Recevez-vous notre message ?
d Viendrai-je avec grand-père ?
e Jade et Martin nous rejoindront plus tard.
f Mon cousin et moi découvrions une crique magnifique.

3 Indique quel nom ou groupe nominal remplace le pronom personnel souligné.

a C'est le général Dourakine, je l'ai connu en Russie.
b Paul cueillait des cerises, ses enfants les mangeaient.
c Marc et Olivier vont au parc, je pars avec eux.
d Ma grand-mère aime la Normandie, elle y va tous les étés.
e Les élèves bavardaient, le professeur leur demandait de se taire.

4 Reformule les phrases en remplaçant le nom souligné par un pronom personnel.

a Mon père répare le toit.
b Antoine et toi skiez comme des professionnels.
c J'aime mes parents de tout mon cœur.
d Laure racontera ses vacances à ses frères et sœurs.
e Anatole offre un souvenir à sa tante.
f Tu viens du marché.

5 **Réponds aux questions suivantes, puis indique le nom ou groupe nominal avec lequel tu as remplacé le pronom interrogatif.**

a Qui établit les plans d'une église ?
b À qui fait-il appel pour la charpente ?
c De quoi est faite la charpente ?
d Qui travaillent les blocs de pierre ?
e Avec quoi sont faits les vitraux ?

6 **Identifie les pronoms personnels compléments d'objet, puis analyse-les comme dans l'exemple.**

Exemple : Iris ouvre les volets, elle les accroche.
→ pronom personnel objet, remplace ***les volets****, 3e personne du pluriel, masculin pluriel, complément d'objet direct du verbe* ***accroche***

a Marion prépare des cakes, puis nous les dégustons avec appétit.
b Quand Matthieu part en mer, son épouse pense à lui.
c Médor écoute ses maîtres, il leur obéit.
d Joseph trouvera une belle carte, il l'enverra à son parrain.
e Raphaël habite à côté de ma maison, je pars avec lui à l'école.

7 **Relève les pronoms interrogatifs et donne leur fonction.**

Exemple : De quoi te souviens-tu ?
→ pronom interrogatif, complément d'objet indirect du verbe ***te souviens***

a Que vois-tu ?
b Qui obtiendra la meilleure note ?
c Avec quoi Nicolas peint-il ses maquettes ?
d De qui parlez-vous ?

8 **Relève les pronoms et identifie-les.**

a Adam et moi, nous sommes fatigués.
b Thomas récupérera mon sac et me l'apportera.
c Qui vient avec moi au stade ?
d Leila et toi retrouvez vos camarades et jouez avec eux.
e Je cueille des prunes, puis je les cuis avec du sucre.

Unité 8

Les temps composés du passé

Le passé composé et l'auxiliaire avoir

Séance 56

J'observe

→ Mes rituels quotidiens : page 156

Nous avons visité le musée du Louvre.
*auxiliaire **avoir** au présent* — *participe passé du verbe **visiter***

J'ai vu *La Joconde* de Léonard de Vinci.
*auxiliaire **avoir** au présent* — *participe passé du verbe **voir***

Le passé composé remplace généralement le passé simple (séance 40, page 86) à l'oral.

- Le passé composé est un **temps composé** du **passé**.
- Le passé composé exprime une **action passée, précise et achevée** au moment où l'on parle.
  Comme il faisait beau, nous avons marché.
  imparfait — *passé composé*
- La plupart des verbes forment leur passé composé avec l'auxiliaire ***avoir*** au présent de l'indicatif suivi du participe passé du verbe.
- Le participe passé employé avec l'auxiliaire ***avoir*** ne s'accorde jamais avec le sujet du verbe.
  Iris a dégusté une glace. • Vous avez aperçu les tours de Notre-Dame.
- **Participe passé** des verbes :

1er groupe	2e groupe	3e groupe					
chanter	finir	partir	courir	mettre	ouvrir	être	avoir
chanté	fini	parti	couru	mis	ouvert	été	eu

1 Identifie l'auxiliaire et le participe passé des verbes.

a Tu as rougi de timidité.
b Vous avez écouté la leçon.
c Elles ont ouvert la porte.
d J'ai été contente pour toi.

2 Donne le participe passé des verbes suivants.

a entrer
b pouvoir
c comprendre
d être
e apparaître
f recevoir
g mettre
h réussir

Pour savoir si le participe passé se termine par une lettre muette, je le mets au féminin.
prendre → prise → pris

3 **Conjugue les expressions au passé composé à toutes les personnes.**

a copier sa dictée
b rougir de honte
c vouloir une glace

4 **Identifie les verbes et indique leur infinitif.**

a J'ai retrouvé le bracelet de Manon.
b Nous avons ouvert le portail.
c Pauline a déjà pris le métro.
d Tu as eu très froid cet hiver.

5 **Complète les phrases par le verbe proposé au passé composé.**

a *(tailler)* Le jardinier ... les haies.
b *(balayer)* Nina ... le sol de sa maison.
c *(grandir)* Cet été, vous ... .
d *(pâlir)* Dehors, j'... de froid.

6 **Complète les phrases par le verbe proposé au passé composé.**

a *(prendre)* Léon ... des nouvelles de sa voisine.
b *(offrir)* Jeanne et Marie ... des fleurs à leur grand-mère.
c *(écrire)* Vous ... le récit de vos vacances.
d *(peindre)* Tu ... un joli paysage.

7 **Mets les sujets au singulier et accorde les verbes.**

a Nous avons mis le couvert.
b Les marmottes ont fini leur hibernation.
c Les boulangers ont pétri le pain à la main.
d Vous avez obtenu de nombreuses informations à l'office de tourisme.

8 **Mets les verbes au temps qui convient : imparfait ou passé composé.**

a Comme il *(pleuvoir)*, nous *(sortir)* notre parapluie.
b Les touristes *(avoir)* faim, alors ils *(acheter)* un sandwich.
c Noé *(boire)* un grand verre d'eau car il *(avoir)* très soif.
d Hier matin, j'*(être)* en retard, donc j'*(courir)* vers le bus.

9 **Identifie et analyse les verbes conjugués comme dans l'exemple.**

Exemple : Il a découvert deux œufs dans la jardinière.
*→ verbe **découvrir**, verbe du 3e groupe, 3e personne du masculin singulier du passé composé*

a Louise a perdu ses gants en laine.
b Je lui ai téléphoné tout à l'heure.
c André et toi avez eu beaucoup de chance.

Le participe passé et l'auxiliaire être

Séance 57

J'observe

→ Mes rituels quotidiens : page 156

Iris est montée sur l'Arc de triomphe.

auxiliaire *être* au présent — participe passé du verbe *visiter*

▶ Certains verbes forment leur passé composé avec l'auxiliaire *être*. Ce sont :

- les **verbes** qui expriment le **mouvement** : ***venir***, ***partir***, ***arriver***, ***aller***… ;

  Ma sœur est parti**e** à l'école tôt ce matin.

- les **verbes** qui expriment un changement d'état : ***mourir***, ***naître***, ***devenir***… ;

  Les élèves sont arrivé**s** à Paris.

- les **verbes pronominaux** : ***s'évanouir***, ***se nourrir***…

  Elles se sont évanoui**es**.

▶ Le participe passé employé avec l'auxiliaire *être* **s'accorde en genre et en nombre avec le sujet** du verbe.

1 Identifie l'auxiliaire des verbes au passé composé : être ou avoir ?

a Les soldats sont partis sur les champs de bataille.
b Mes grands-parents ont habité en Angleterre pendant trois ans.
c Louis XIV est mort en 1715 à Versailles.
d Tu as été absent la semaine dernière.

2 Conjugue les expressions suivantes au passé composé à toutes les personnes.

a arriver en retard
b descendre à la cave
c venir au cinéma
d naître en 2014

Attention à accorder le participe passé avec le sujet !

3 **Complète chaque phrase par le participe passé du verbe.**

a Après ton but, tu es *(devenir)* le meilleur joueur du collège.
b Madame Martin est *(venir)* garder ses petits-enfants.
c Les biches sont *(sortir)* à l'orée du bois.
d Les scouts se sont *(laver)* dans un ruisseau.
e Louis et moi sommes *(aller)* à la piscine.

Je me rappelle les règles d'accord du participe passé employé avec **avoir** et avec **être**.

4 **Complète chaque phrase par le participe passé du verbe.**

a Les professeurs ont *(féliciter)* leurs élèves.
b Marie s'est *(repentir)* de son erreur.
c Hélène, tu as trop *(remplir)* ton bol de céréales !
d Les montagnards sont *(monter)* sur le mont Blanc.
e Vous avez *(caresser)* les chiots.

5 **Complète les phrases par le verbe proposé au passé composé.**

a *(savourer)* Nous ... de délicieuses pizzas à Rome.
b *(s'abattre)* Une tempête de grêlons ... sur les vignes.
c *(entendre)* Les chiens ... l'appel de leur maître.
d *(partir)* Pour les vacances, Cécile et ses parents ... sur la Côte d'Azur.
e *(courir)* Les sportifs ... le long du littoral.

J'accorde aussi les participes passés employés avec l'auxiliaire **être**.

6 **Mets les sujets au singulier et accorde les verbes.**

a Les voisins ont organisé une grande fête.
b Les enfants du conte se sont perdus dans la forêt.
c Les chamois sont descendus dans la vallée.
d Les tempêtes ont arraché les branches de l'arbre.
e Elles ont été absentes quelques jours, elles ont eu la grippe.

7 **Identifie et analyse les verbes conjugués comme dans l'exemple.**

Exemple : Alice est arrivée en avion.
*→ verbe **arriver**, verbe du 1er groupe, 3e personne du féminin singulier du passé composé*

a Elsa est sortie acheter du pain à la boulangerie.
b Les renards sont endormis dans leur terrier.
c Léon s'est absenté pour passer un examen.
d Nous nous sommes rafraîchis à l'ombre du marronnier.
e Toute la famille est venue au mariage de Alice et Alban.

Le plus-que-parfait

Séance 58

J'observe

→ Mes rituels quotidiens : **page 156**

Iris et Nicolas avaient vu le Louvre l'an dernier.

*avaient : auxiliaire **avoir** à l'imparfait* — *vu : participe passé du verbe **voir***

▼ Avaient vu, c'est le verbe ***voir*** au plus-que-parfait.

▶ Le plus-que-parfait est un **temps composé** du **passé**.
Il exprime un **fait qui s'est produit avant** une autre action passée.

Quand nous sommes arrivés ce soir-là, il avait déjà dîné.
sommes arrivés : passé composé — *avait dîné : plus-que-parfait*

Quand nous arrivâmes ce soir-là, il avait déjà dîné.
arrivâmes : passé simple — *avait dîné : plus-que-parfait*

Quand nous arrivions le soir, il avait déjà dîné.
arrivions : imparfait — *avait dîné : plus-que-parfait*

▶ Le plus-que-parfait est formé de l'auxiliaire ***être*** ou ***avoir*** à l'imparfait suivi du participe passé du verbe.

Quand ma grand-mère avait fini de déjeuner, elle sortait se promener.

Les enfants s'étaient déjà abrités quand l'orage éclata.

Comme au passé composé, le participe passé employé avec l'auxiliaire **être** s'accorde en genre et en nombre avec le sujet.

1 Identifie les verbes et indique s'ils sont au passé composé ou au plus-que-parfait.

a J'ai beaucoup aimé *Le Lac des cygnes* à l'opéra.
b Au début de l'été, nous avions préparé nos vacances.
c Le spectacle a commencé en retard.
d Quand maman s'est couchée, nous nous étions déjà endormis.

2 Conjugue les expressions suivantes au plus-que-parfait à toutes les personnes.

a manger du chocolat
b aller au stade
c éteindre le feu

3 Complète les phrases par le verbe proposé au plus-que-parfait.

a *(recevoir)* Vous ... toute votre famille durant les vacances d'été.

b *(guider)* Le berger ... ses troupeaux dans les alpages.

c *(être)* Jean ... malade durant une semaine.

d *(écrire)* J'... une lettre à ma grand-mère.

e *(aimer)* Nicolas et ses camarades ... beaucoup le bateau-mouche.

Je me souviens : l'adverbe se place entre l'auxiliaire et le participe passé.

4 Complète les phrases par le verbe proposé au plus-que-parfait.

a *(vérifier)* Avant de partir, il ... son sac.

b *(revenir)* Tu ... ravi de ton périple.

c *(nager)* Nous ... jusqu'au rivage.

d *(pincer)* La porte lui ... un doigt.

Je fais attention à l'auxiliaire : **être** ou **avoir** ?

5 Complète les phrases par le verbe proposé au plus-que-parfait.

a *(faire)* À l'arrivée de l'hiver, les paysans ... des provisions de bois.

b *(entonner)* La chorale ... son premier chant.

c *(s'acheter)* L'an dernier, Loïc et Luc ... le même cartable.

d *(venir)* Inès et toi ... nous voir l'an dernier.

e *(se mettre)* Elles ... en colère.

f *(couper)* Je lui ... les cheveux.

6 Indique le temps des verbes soulignés, mets les verbes entre parenthèses au plus-que-parfait et justifie l'emploi des temps.

a Le paysage était tout blanc : il *(neiger)* toute la nuit.

b Marco Polo *(naviguer)* longtemps quand il arriva enfin en Chine.

c Elles craignaient les mûriers car elles *(se piquer)* déjà à leurs épines.

d J'*(oublier)* mon parapluie dans le bus, je m'en suis aperçu trop tard.

7 Identifie et analyse les verbes conjugués comme dans l'exemple.

Exemple : J'avais ramassé des champignons dans la forêt.
*→ verbe **ramasser**, verbe du 1er groupe, 1re personne du singulier du plus-que-parfait*

a Je m'étais renseigné sur la nouvelle maîtresse.

b Vous cousiez la robe de mariée de votre fille.

c Nous avions déjà installé le pique-nique quand l'orage éclata.

d Elle a acheté le foulard qu'elle avait vu dans la vitrine.

Le participe passé employé comme adjectif

Séance 59

→ Mes rituels quotidiens : page 157

J'observe

La fillette fatiguée s'assied sur un banc.
féminin singulier

▼ Fatiguée est le participe passé du verbe ***fatiguer***, **épithète** du groupe nominal ***la fillette***.

▶ Le participe passé du verbe peut être employé sans auxiliaire : il est alors **utilisé comme un adjectif**.

▶ Dans ce cas, le participe passé **s'accorde en genre et en nombre avec le nom** qu'il qualifie.

une porte fermé**e** • des souvenirs acheté**s**

▶ Le participe passé a alors les fonctions de l'adjectif (séance 6, page 18). Il peut être :

- **épithète** du nom ou du pronom qu'il qualifie ;

Iris distribue les souvenirs achetés à Paris.

- **attribut** du sujet.

Les enfants sont fatigués mais heureux de leur visite de Paris.

1 Indique si le participe passé est employé comme adjectif ou avec un auxiliaire.

a. Nous avons aperçu ton frère en ville.
b. Les cerises cueillies sur l'arbre ne sont pas mûres.
c. Jean est tombé sans se faire mal.
d. La princesse délivrée épouse le chevalier.

2 Identifie le participe passé employé comme adjectif et indique le nom qu'il précise.

a. Les randonneurs n'aiment pas marcher sur les routes goudronnées.
b. La Grèce est une destination appréciée des touristes.
c. Le maraîcher vend des tomates et des haricots récoltés dans son potager.

3 **Indique si les participes passés soulignés sont employés comme adjectifs épithètes ou attributs.**

a La tarte aux framboises est mon dessert préféré.
b Une ligne tracée sur la carte indique le chemin choisi.
c Il a été surpris par la pluie : ses vêtements sont trempés.

4 **Accorde le participe passé des verbes donnés.**

a *(remettre)* une lettre ... à la poste • un colis ... à la poste
b *(étendre)* une couette ... sur le fil • un drap ... sur le fil.
c *(ouvrir)* une porte ... • un portail ...
d *(démolir)* des maisons ... • des immeubles ...

5 **Transforme les expressions suivantes comme dans l'exemple.**

Exemple : allumer la bougie → Il a allumé la bougie. → la bougie allumée

a nettoyer la cuisine b écrire une lettre c apprendre une poésie

6 **Complète les phrases par le participe passé des verbes proposés que tu accorderas.**

a Les robes *(repasser)* seront *(ranger)* dans la penderie.
b Marc empile les bûches *(fendre)* sous l'abri.
c La crème *(battre)* donne du beurre.
d Nos joues sont *(rougir)* par le vent froid.

7 **Mets les phrases au pluriel et fais tous les accords nécessaires.**

Exemple : Elle a allumé la bougie. → Elles ont allumé les bougies.

a Il a testé une nouvelle recette inventée.
b La rose cueillie a vite fané.
c L'enquêteur avait retrouvé la statue volée.
d Le banc installé sur la place accueillera le touriste fatigué.
e La gymnaste récompensée par une médaille s'était beaucoup entraînée.

8 **Analyse les mots soulignés comme dans l'exemple.**

Exemple : Les grappes de raisin récoltées par les vendangeurs sont mûres.
*→ participe passé du verbe **récolter**, utilisé comme adjectif, épithète du nom **grappes**, féminin pluriel*

a La barque battue par les vagues s'est échouée.
b Ma meilleure amie est coiffée comme moi.
c Les tonneaux étaient arrivés la semaine dernière.

Ce que j'ai appris

Séance 60

▶ Le passé composé

Iris et Nicolas ont visité Paris.

*auxiliaire **avoir** au présent* — *participé passé du verbe **visiter***

Ils sont allés sur la tour Eiffel.

*auxiliaire **être** au présent* — *participé passé du verbe **aller***

▶ Le plus-que-parfait

Iris et Nicolas avaient vu Paris l'an passé.

*auxiliaire **avoir** à l'imparfait* — *participé passé du verbe **voir***

Ils étaient allés au musée du Louvre.

*auxiliaire **être** à l'imparfait* — *participé passé du verbe **aller***

▶ Les accords du participe passé

• Employé avec l'auxiliaire **être**, le participe passé s'accorde en genre et en nombre avec le sujet.

Ma grand-mère est née en 1960.

• Employé avec l'auxiliaire **avoir**, le participe passé ne s'accorde jamais avec le sujet.

Ma grand-mère a fêté son anniversaire hier.

• Employé comme adjectif, le participe passé s'accorde en genre et en nombre avec le nom qu'il qualifie.

Ma grand-mère aimé**e** de ses amis et de sa famille reçoit un beau bouquet.

Je révise

Séance 61

1 Identifie les verbes et indique leur temps.

a Les fortes pluies ont créé des inondations.
b Thomas et Louis avaient organisé une fête pour leur anniversaire.
c Vous étiez restés de longues semaines dans le Midi.

2 Donne le participe passé des verbes suivants.

a faire b applaudir c apercevoir d mettre e glisser

3 Complète les phrases par le verbe proposé au passé composé.

a *(grelotter)* Agnès et toi ... de froid en sortant du grand bain.
b *(se servir)* Je ... un bol de chocolat chaud.
c *(choisir)* Tu ... tes nouvelles lunettes.

4 Complète les phrases par le verbe proposé au plus-que-parfait.

a *(rire)* Marie et moi ... devant sa réaction.
b *(nourrir)* Pendant les vacances, Amaury et Constance ... les chèvres.
c *(partir)* Anna ... sans prévenir.

5 Complète les phrases par le participe passé des verbes proposés.

a Mes frères sont déjà *(lever)*, ils ont *(prendre)* leur petit déjeuner.
b Martine est *(descendre)* à la cave, elle a *(ranger)* les légumes.
c Léa et Tim étaient *(rester)* à la maison, ils avaient *(mettre)* la table.

6 Mets les sujets au singulier et accorde les verbes.

a Vous aviez pris le panier du pique-nique.
b Lucie et moi avions oublié le rendez-vous.
c Les voyageuses ont saisi toutes les informations.

7 Accorde les participes passés entre parenthèses.

a Jeanne a une mine *(fatigué)*.
b Les filles sont *(surpris)* par le bruit du vent.
c Mes desserts *(préféré)* sont les glaces et les îles flottantes.

Mon projet d'écrivain

J'écris au passé composé et au plus-que-parfait.

1 Souviens-toi de ton année de CM1. Écris sur ton ardoise :

a ce que tu as réalisé *(activité, projet)* : … .
b ce que tu as vu ou visité : … .
c ce que tu as appris : … .
d ce que tu as préféré : … .
e ce que tu as moins aimé : … .

2 Complète les phrases suivantes pour exprimer les émotions que tu as ressenties cette année.

a J'ai eu peur quand … .
b J'ai ri le jour où … .
c J'ai été fier/fière de moi quand … .
d J'ai ressenti de la peine lorsque … .

3 Écris une lettre pour raconter ton année de CM1. Utilise le passé composé et le plus-que-parfait.
• Écris un paragraphe pour raconter ce que tu as appris et découvert cette année.
• Puis raconte dans un deuxième paragraphe une sortie que vous avez réalisée avec la classe.
• Enfin, dans un dernier paragraphe, exprime les émotions ressenties cette année.

Les étapes pour être un bon écrivain :
1) **J'évoque** l'histoire dans ma tête.
2) **Je me dis** les phrases dans la tête.
3) **J'écris mes phrases** en me les dictant.
4) **Je relis mes phrases** en vérifiant les accords et les verbes.

Unité 9

Phrase simple et phrase complexe

Phrase simple et phrase complexe

Séance 62

→ Mes rituels quotidiens : **page 157**

J'observe

Le train va partir. Bon voyage !

Les voyageurs s'installent (*verbe 1*) et le train démarre (*verbe 2*).

▼ La première phrase est verbale.
La seconde phrase est non verbale.

▼ La troisième phrase contient deux verbes.

▶ La phrase est une **suite de mots organisée** qui a un sens.
Elle commence par une majuscule et se termine par un point.
La phrase verbale est construite autour d'un verbe.
La phrase non verbale ne comporte pas de verbe.

▶ Une phrase peut contenir plusieurs verbes conjugués.
Dans ce cas, chaque partie de phrase se nomme proposition.
Il y a **autant de propositions** que de **verbes conjugués**.

[Les voyageurs s'installent] et [le train démarre].
proposition 1 — *proposition 2*

▶ On appelle phrase simple une phrase qui ne comporte qu'**une seule proposition**, construite autour d'un verbe.

Nicolas et Iris montent dans le train.

▶ On appelle phrase complexe une phrase qui contient **plusieurs propositions**, donc plusieurs verbes conjugués.

Les enfants s'installent dans le train et le voyage commence.

1 Indique si les phrases sont verbales ou non verbales.

a Jeu de ballon interdit sur la pelouse.
b Le colis a été livré.
c Bonne année !
d Les personnes accompagnant les voyageurs doivent descendre du train.
e Festival organisé le 27 août sur la place de la Mairie.

2 **Compte les verbes conjugués et dis combien de propositions comporte chaque phrase.**

a. Clovis est le premier roi de France, saint Remi l'a baptisé à Reims.
b. Napoléon a remporté la bataille d'Austerlitz en 1805.
c. Le pape sacre Charlemagne empereur à Rome.
d. Les Gaulois ont gagné la bataille de Gergovie mais les Romains les ont vaincus à Alésia.
e. Jean de La Fontaine a écrit ses fables pour le fils du roi Louis XIV.

3 **Souligne les verbes conjugués, encadre les propositions avec des crochets et indique leur nombre.**

Exemple : [Nous partirons chez notre grand-mère] et [nous retrouverons nos cousins].
proposition 1 — proposition 2

a. Le boulanger enfourne les baguettes et le pâtissier prépare des macarons.
b. Au Louvre, Maria découvre les sarcophages égyptiens et Paul admire les statues grecques.
c. Victor Hugo écrivait des poèmes, Frédéric Chopin composait et Claude Monet peignait.
d. Nous avions prévu une randonnée mais la météo était mauvaise et nous avons annulé.

4 **Sépare les propositions dans chaque phrase et dis si celle-ci est simple ou complexe.**

a. Je n'aime pas le bateau : j'ai le mal de mer.
b. Chaque matin, Thomas doit prendre l'autobus pour aller à l'école.
c. Au signal, les chevaux s'élanceront sur l'hippodrome.
d. C'est bientôt la rentrée, maman a acheté toutes les fournitures.

5 **Sépare les propositions dans chaque phrase.**

a. L'infirmière passe de lit en lit, elle prend la température des malades et elle leur donne leurs médicaments.
b. Le 14 juillet, les militaires et les pompiers ont défilé et ils ont salué le président de la République.
c. La chèvre de monsieur Seguin n'était pas heureuse, elle est montée dans la montagne et le loup l'a mangée.
d. Laure et ses amies visitent une parfumerie, elles découvrent la fabrication du parfum et elles respirent différentes odeurs.

Les propositions indépendantes juxtaposées

Séance 63

J'observe

→ Mes rituels quotidiens : page 157

[Iris a composté son billet] : [elle est prête à monter dans le train].

proposition indépendante ❶ — *proposition indépendante* ❷

▶ La phrase complexe peut contenir **plusieurs propositions indépendantes**. Cela veut dire que chacune se suffit à elle-même.

▶ Les propositions indépendantes peuvent être **séparées par** :
- **une virgule** → Les arbres étaient en fleurs, les oiseaux chantaient.
- **un point-virgule** → Le train est parti ; le voyage durera quelques heures.
- **deux-points** → Dans le train, les enfants s'occupent : ils jouent aux cartes.

On dit qu'elles sont juxtaposées, c'est-à-dire posées les unes à côté des autres.

▶ Pour **analyser une phrase complexe**, il faut :
1) souligner les verbes pour compter les propositions ;
2) entourer les signes de ponctuation à l'intérieur de la phrase ;
3) encadrer les propositions par des crochets.

1 Pour chaque phrase, indique s'il s'agit d'une phrase simple ou d'une phrase complexe.

a Léon invite ses amis au restaurant.
b Les jours rallongent, les bourgeons s'ouvrent, le printemps est bien là !
c Cet éleveur est désespéré : le renard a dévoré ses poules.
d Alba et Louis collectionnent les timbres, ils veulent en échanger avec toi.

2 Identifie les verbes, sépare les propositions et indique combien de propositions comporte la phrase.

a Les enfants jouent dehors ; les parents prennent le café dans le salon.
b Juliette n'aime pas jouer au tennis, elle préfère le volley.
c Le chat épie le trou de la souris, il attend avec patience, il s'élance.
d Dès les premiers rayons du soleil, la nature s'éveille, les fleurs ouvrent leurs pétales, les oiseaux gazouillent.

3 **Souligne les verbes conjugués, encadre les propositions avec des crochets et entoure le signe de ponctuation qui les sépare.**

a Les hirondelles reviennent en février; les cigognes arrivent en mai.

b Alexis n'est pas venu en classe: il est malade.

c Certains aiment la montagne l'hiver, d'autres la préfèrent l'été.

d Les enfants arrivent en courant dans les bois; les oiseaux s'envolent.

4 **Souligne les verbes conjugués et indique les propositions indépendantes juxtaposées en les encadrant avec des crochets.**

a Fine, froide, la pluie tombait sans arrêt: les ruisseaux débordaient.

b Nous montons notre tente dans une prairie, tout près du ruisseau.

c Au bruit de la porte, Paul reconnaît le pas de son père, il l'attend.

d Dehors, le vent soufflait, les moulins tournaient.

e Dans sa bibliothèque, mon oncle conserve de nombreux ouvrages: des romans, des essais, des recueils de poèmes.

5 **Réunis les phrases simples en une phrase complexe par juxtaposition.**

Je peux utiliser une virgule, un point-virgule ou deux-points.

a Grand-mère fait des crêpes. C'est la Chandeleur.

b Pascal n'a pas compris le problème. Il lève le doigt.

c Alice et Inès ont préparé leurs valises. Demain, c'est le grand départ.

d Cécile écrit une lettre à sa grand-mère. Elle lui parle de ses vacances. Elle lui raconte sa dernière aventure.

e Aujourd'hui, c'est le jour du grand marché. La circulation est interdite.

6 **Analyse les propositions comme dans l'exemple.**

Exemple: [Vincent prend les clés] (,) [il démarre le moteur] (,) [il appuie sur la pédale.]
❶ ❷ ❸

*❶ proposition indépendante, sujet: **Vincent***
*❷ proposition indépendante, séparée par une virgule de **Vincent prend les clés**, sujet: **il***
*❸ proposition indépendante, séparée par une virgule de **il démarre le moteur**, sujet: **il***

a Luc cire ses chaussures: il se fait beau, il est invité à un mariage.

b Jade et Rose ont marché de longues heures, elles s'arrêtent pour se reposer.

c Les élèves suivent l'exemple de la maîtresse, ils découpent avec soin, ils peignent avec précision.

d Lucie a rangé sa chambre, elle a passé l'aspirateur: elle reçoit une amie.

Les conjonctions de coordination

Séance 64

→ Mes rituels quotidiens : page 158

J'observe

Iris s'ennuie mais Nicolas est bien occupé.

Il a emporté un jeu de cartes et un livre.

▼ Mais et et sont des conjonctions de coordination.

▶ La conjonction de coordination est un **mot invariable qui unit** deux mots, deux groupes de mots ou deux propositions :

- **de même nature**, par exemple :
  - deux noms ou groupes nominaux → Louis et Alice
  - deux adjectifs → petit mais fort
  - deux pronoms → lui ou moi
  - deux propositions indépendantes → Je suis fatigué, car il est tard.
- **de même fonction**, par exemple :
  - deux sujets → Matteo et Nicolas sont nés le même jour.
  - deux compléments → Anne joue du piano ou du violon.
  - deux attributs du sujet → Yanis est petit mais fort.

▶ Les **conjonctions de coordination** sont : ***mais*, *ou*, *et*, *or*, *ni*, *car*.**

Ni s'emploie dans les phrases négatives.
Je n'aime **ni** le chocolat **ni** les bonbons.

1 **Identifie les conjonctions de coordination.**

a. La fermière était contente car elle avait ramassé beaucoup d'œufs.
b. Alice est une élève sérieuse mais rêveuse.
c. Mon oncle ne se déplace ni en voiture ni en avion.
d. Pour venir chez toi, je vais prendre le bus ou un taxi.
e. Elle et toi êtes sages en classe.
f. Toi et moi partons en expédition sur le mont Blanc.
g. La maîtresse distribue des cahiers à Julian et à Paul.
h. Augustin vend des tickets de tombola ou des calendriers.

2 **Identifie les conjonctions de coordination et indique la nature des mots qu'elles unissent.**

a Que veux-tu pour ton anniversaire : une trottinette ou un vélo ?
b L'abeille butine et récolte le pollen.
c Toi et moi allons dans la même école.
d La mer est calme mais fraîche.
e Cet avocat parle clairement et distinctement.

3 **Complète les phrases par un mot de la même nature que le mot ou le groupe de mots souligné.**

a Le facteur ne connaît ni l'adresse ni … du destinataire de ce colis.
b Dans sa trousse, Alexis a glissé des cartouches et … car il n'en avait plus.
c Le loup est un animal fascinant mais … .
d Tu recopies soigneusement et … les phrases écrites au tableau.

4 **Complète les phrases par la conjonction de coordination qui convient.**

a Laure cueille des fleurs … Jean ramasse des cerises.
b Je n'aime … les navets … les poireaux.
c Nicolas a eu une bonne note … il a bien appris le poème.
d Martin fixera un tableau … il posera une glace.

5 **Analyse les conjonctions de coordination comme dans l'exemple.**

Exemple : Léo a croisé un chien et des vaches.
→ conjonction de coordination, mot invariable, unit les groupes nominaux ***un chien*** *et* ***des vaches***

a Les marionnettes apparaissent et disparaissent.
b Cette année, les élèves n'ont fait ni voyage ni sortie scolaire.
c Bats les œufs fermement et délicatement.
d Préférez-vous mettre un foulard vert ou rouge ?

À ton tour !

→ **Rédige une phrase simple contenant une conjonction de coordination unissant deux mots de la nature indiquée.**

Exemple : *nom + ou* → *Pour Noël, Adam offrira à son père une pipe* **ou** *une écharpe.*

a *verbe + et*
b *groupe nominal + ou*
c *adjectif + ni*
d *adverbe + mais*

Les propositions indépendantes coordonnées

Séance 65

→ Mes rituels quotidiens : page 158

J'observe

[Le contrôleur siffle le départ] car [le train va partir].
proposition indépendante ❶ *proposition indépendante* ❷

▼ [Le train va partir] est une proposition indépendante unie à la précédente par la **conjonction de coordination** car.

▶ Les propositions indépendantes peuvent être **unies par une conjonction de coordination**. On dit alors qu'elles sont coordonnées.

▶ Les conjonctions de coordination **précisent le lien de sens** qui unit les propositions :

- **opposition** → [Olivier est parti vite] **mais** [il a oublié ses billets de train].
[Nous avons oublié notre parapluie] **or** [il pleut].
- **cause** → [Je dors] **car** [je suis fatigué].
- **addition** → [Je marche] **et** [je chante].
- **choix** → [Le mercredi, les enfants jouent au foot] **ou** [ils nagent à la piscine].

1 **Identifie les verbes conjugués, sépare les propositions et indique si elles sont juxtaposées ou coordonnées.**

a Les enfants s'amusent dans le jardin, ils courent sur la pelouse.
b Mon oncle a appelé un bûcheron car un arbre de son jardin est tombé.
c Nous aimerions lui faire une surprise : c'est bientôt son anniversaire.
d Léon voulait se baigner mais la mer est froide.
e J'avais prêté mon stylo à Armel or il ne me l'a jamais rendu.
f Le chien se précipite dans un bosquet, un lapin s'enfuit, un oiseau s'envole.

2 **Souligne les verbes conjugués, entoure les conjonctions de coordination et encadre les propositions avec des crochets.**

a Paul voulait faire du vélo or il pleut.
b Le président salue les pompiers et il les félicite pour leur courage.
c Louis n'a pas pu acheter de pain car la boulangerie est fermée.
d Nous avons raté notre avion car nous sommes partis trop tard.
e Raphaëlle doit faire son travail mais elle a oublié son cahier.

f. Inès a réussi son devoir car elle a beaucoup travaillé.
g. Mon oncle lit son journal le matin et il joue aux cartes l'après-midi.
h. Gaspard a réussi son exercice de conjugaison car il avait bien compris la leçon.

3 Indique le lien logique qui unit les deux propositions.

opposition | *choix* | *addition* | *cause*

a. Maëlle est arrivée en retard car elle n'a pas entendu son réveil.
b. Jules et Malik ont nettoyé la terrasse mais ils ont laissé leurs outils.
c. Toute la famille déménagera à Bordeaux et elle s'installera dans une jolie maison.
d. Les randonneurs dormiront à la belle étoile car ils ont oublié leur tente.
e. Cet après-midi, je sortirai jouer dehors ou je resterai lire dans ma chambre.

4 Complète les phrases par une seconde proposition indépendante de ton choix.

a. Martin jette sa ligne et … .
b. Un homme a tiré la sonnette d'alarme car … .
c. Alice et moi étions en colère car … .
d. Iris a rendu sa copie mais … .
e. Le jardinier désherbera l'allée ou … .
f. Nous souhaitons nous baigner or … .

5 Analyse les propositions comme dans l'exemple.

Exemple : [Alice a acheté une voiture] ❶ *[mais]* *[elle n'a pas encore son permis]* ❷

❶ *proposition indépendante, sujet : **Alice***
❷ *proposition indépendante, unie par la conjonction de coordination **mais** à **Alice a acheté une voiture**, sujet : **elle***

a. J'essayais de lire mais le bruit m'en a empêché.
b. Nicolas goûte, il prend sa douche et il travaille jusqu'au dîner.
c. Les pompiers font du sport tous les jours car ils doivent être en forme.
d. Les gendarmes ont contrôlé les voitures, ils ont demandé les papiers et ils ont donné des amendes.
e. Le samedi, Inès fait du volley-ball ou elle joue avec ses voisines.

Ce que j'ai appris

Séance 66

Les phrases simples et les phrases complexes

Le contrôleur vérifie les billets. Il renseigne les voyageurs.

proposition indépendante / phrase simple — *proposition indépendante / phrase simple*

[Le contrôleur vérifie les billets] (,) [il renseigne les voyageurs].

verbe 1 : vérifie — *verbe 2* : renseigne

deux propositions indépendantes juxtaposées
phrase complexe

conjonction de coordination : et

[Le contrôleur vérifie les billets] (et) [il renseigne les voyageurs].

verbe 1 : vérifie — *verbe 2* : renseigne

deux propositions indépendantes coordonnées
phrase complexe

Méthode pour l'analyse logique

conjonction de coordination : et

[Le contrôleur vérifie les billets] (et) [il renseigne les voyageurs].

sujet : Le contrôleur — *verbe* : vérifie — *sujet* : il — *verbe* : renseigne

Pour analyser une phrase complexe :

1) Je souligne les verbes conjugués et j'identifie les sujets pour connaître le nombre de propositions dans la phrase.

2) J'entoure le signe de ponctuation qui sépare les propositions ou la conjonction de coordination qui les lie.

3) Je mets entre crochets les [propositions].

Je révise

Séance 67

1 Indique si les phrases sont verbales ou non verbales.

a Baignade autorisée.
b Courage !
c Nous avons préparé le dîner.
d Obligation de descendre du train.
e Faites silence !
f Les spectateurs vont applaudir les acteurs.

2 Identifie les verbes conjugués et indique si la phrase est simple ou complexe.

a Monet et Manet sont deux grands peintres ; on peut voir leurs toiles au musée d'Orsay.
b La bibliothécaire trie ses livres et elle les range par ordre alphabétique.
c Les enfants sont excités par la neige, ils veulent faire un bonhomme de neige.
d Nous déménagerons l'été prochain, nous cherchons une maison.
e Le château de Versailles a accueilli de grands écrivains : La Fontaine, Molière, Racine.
f Monsieur Seguin ne reverra jamais plus sa petite chèvre blanche.

3 Souligne les verbes conjugués et encadre les différentes propositions avec des crochets.

a C'est encourageant : la plupart des enfants ont appris leur leçon.
b Bastien est malade, il ne pourra pas venir à la sortie.
c Laure aime lire mais elle ne lit pas de bande dessinée.
d À votre arrivée, prévenez-moi et je descendrai vous ouvrir.
e Le chef d'orchestre donne le rythme, il guide les musiciens et il les encourage.
f La tortue est lente mais le lièvre a pris son temps et il a perdu la course.

4 Souligne les verbes conjugués, entoure ce qui unit les différentes propositions et encadre ces dernières avec des crochets.

a. Nos amis nous ont offert une tarte à la noix mais nous sommes allergiques.

b. Le samedi, Chloé a toujours le même programme : elle va à la piscine ou elle lit à la bibliothèque.

c. Tout est prêt pour le défilé : les costumes sont cousus et les chars sont décorés.

d. Paul a été choisi pour le premier rôle de notre pièce de théâtre or il est très timide.

e. Ne prenez pas vos draps mais apportez vos affaires de toilette.

f. Mon oncle a assisté au défilé du 14 juillet car il est général.

g. Ce soir, tu iras au cinéma ou tu dîneras au restaurant.

h. Pierre est arrivé en retard car sa voiture est tombée en panne.

5 Encadre les différentes propositions avec des crochets et indique si elles sont coordonnées ou juxtaposées.

a. Le chanteur annule son concert car il a une angine.

b. Nous visiterons le musée du Louvre, nous déjeunerons sur les quais.

c. Les parents attendent leurs enfants car ils sont partis en sortie.

d. Je ne retrouve pas mes lunettes de soleil or je suis certaine de les avoir prises.

e. Sam prit une décision : il sortit dehors et il tondit l'herbe.

f. Les élèves apprennent, ils lisent, ils comptent et ils écrivent.

6 Analyse les propositions, comme dans l'exemple.

Exemple : [Le train s'arrête à chaque village]① (,) [accueille de nouveaux voyageurs]②.

① *proposition indépendante, sujet : **le train***
② *proposition indépendante, juxtaposée par une virgule à **le train s'arrête à chaque village***

a. Le vétérinaire du zoo examine les oursons, il soigne la blessure du macaque et il caresse le renard.

b. Le facteur pèse les lettres, il les cachète et il les trie selon leur destination.

c. Agathe va se faire opérer car elle est tombée en ski et elle s'est cassé le genou.

Je révise les temps

Séance 68

1 Identifie les verbes et indique leur infinitif.

a Demain, mon voisin m'apportera le journal.
b Les enfants s'amusent dans la cour de l'immeuble.
c Arthur et Benjamin ont oublié leurs affaires.
d Vous ne devez pas sortir sans permission.
e Les musiciens avaient sorti leurs instruments avant l'arrivée du chef d'orchestre.
f Les athlètes se préparaient depuis longtemps pour les jeux Olympiques.
g Élisabeth II régna soixante-dix ans.
h Sortez immédiatement.

2 Mets les verbes au présent de l'indicatif.

a Avec les cousins, nous *(piéger)* les souris.
b Louis et toi *(prendre)* le même bus.
c Claire *(sortir)* tard de son travail.
d Les pompiers *(s'entraîner)* tous les jours à la salle de sport.
e Je *(aller)* à l'exposition sur van Gogh.
f Paul et moi *(choisir)* les menus de la semaine.

3 Pour chaque verbe, indique la valeur du présent de l'indicatif.

a Loys écrit une lettre à son parrain.
b L'eau bout à 90 degrés.
c Le boulanger se lève tous les matins à six heures.
d Quand le chat n'est pas là, les souris dansent.

4 Mets les verbes au futur de l'indicatif.

a L'été prochain, Paul et ses parents *(aller)* au Canada.
b Le foin *(servir)* pour les écuries des chevaux.
c Aliénor et toi *(visiter)* les grands musées parisiens.
d Je *(mettre)* le couvert au retour de mon cours de musique.
e Martin et moi *(finir)* nos devoirs plus tard.

5 **Indique si le verbe est au futur proche ou au futur simple.**

a. Les élèves vont faire une expérience au laboratoire.
b. Les vainqueurs remporteront une coupe.
c. Le match va commencer.
d. Nous aurons des nouvelles la semaine prochaine.

6 **Mets les verbes suivants au temps qui convient : imparfait ou passé simple.**

a. Luc *(apprendre)* ses leçons tous les jours mais ce jour-là il *(oublier)*.
b. Tous les matins, le bateau *(filer)* en haute mer mais, ce jour-là, le vent *(souffler)* d'un coup et *(briser)* le mât.
c. Je *(se promener)* dans la forêt quand une biche *(apparaître)* au détour du chemin.
d. La Belle au bois dormant *(sommeiller)* depuis cent ans quand un prince la *(réveiller)*.

7 **Justifie le temps des verbes soulignés.**

a. Adrien lisait quand quelqu'un frappa à la porte.
b. Louis XIV régna soixante-douze ans.
c. L'archer ajustait calmement sa flèche lorsque son camarade éternua.
d. Tous les soirs, le bibliothécaire rangeait les livres dans les rayons.
e. Molière mourut en 1673.

8 **Mets les verbes au temps demandé.**

a. [plus-que-parfait] Noémie et Albane *(aller)* au château de Rambouillet.
b. [passé composé] Je *(se souvenir)* longtemps de mon entrée en CP.
c. [passé composé] Amaury et toi *(revenir)* heureux de votre sortie scolaire.
d. [plus-que-parfait] L'apiculteur *(vendre)* une ruche.

9 **Mets les verbes suivants à la personne indiquée de l'impératif présent.**

a. [2e personne du singulier] Mélanger la salade et la sauce vinaigrette
b. [2e personne du pluriel] Revenir vite !
c. [1re personne du pluriel] Ouvrir les rideaux.
d. [2e personne du singulier] Conduire avec prudence.

Je révise les phrases

Séance 69

1 **Indique si les phrases sont verbales ou non verbales.**

a Joyeux anniversaire !
b Jean dormait chez ses grands-parents.
c Kermesse de l'école prévue le 12 mai.
d Les grandes vacances apporteront de beaux souvenirs.
e Feu d'artifice organisé pour la fête nationale.
f Interdiction de polluer la mer.

2 **Compte les verbes conjugués et dis combien de propositions comporte la phrase.**

a Le meunier donna son moulin à son fils aîné.
b Le soleil inonde ma chambre de sa lumière, il m'éblouit.
c Les enfants bien sages ont gagné des bons points, ils les échangeront contre des petits cadeaux.
d Adeline donne le bain à son petit frère.
e Le boulanger a préparé toutes les galettes, elles sont très croustillantes.

3 **Sépare les propositions dans chaque phrase et indique s'il s'agit d'une phrase simple ou d'une phrase complexe.**

a L'architecte inspecte les travaux finis.
b Les ouvriers ont réparé la tractopelle, les travaux vont reprendre.
c Aline cueille des roses, Jacques arrache les mauvaises herbes et Juliette ramasse des cerises.
d Avec ses frères, Augustin prépare une grande randonnée au pied du mont Blanc.
e Le bois crépite, la cheminée fume, grand-mère se réchauffe.

4 **Souligne les verbes conjugués, encadre les différentes propositions avec des crochets et entoure le signe de ponctuation qui les sépare.**

a Anatole part à l'entraînement : il a un match important la semaine prochaine.
b Les policiers sécurisent les rues : le président va arriver.
c Les enfants jouent à cache-cache, les adultes bavardent.

5 Souligne les verbes conjugués, encadre les différentes propositions avec des crochets, puis analyse-les.

a Julie fait du vélo sur les bords de la Marne, elle aime ce sport.

b Nicolas n'est pas venu à la réunion : il avait oublié la date.

c Les skieurs arrivent sur les stations, certains chaussent leurs skis, d'autres s'installent sur les terrasses.

d Au printemps, la campagne s'éveille, les arbres fleurissent ; en hiver, la neige recouvre la plaine.

6 Complète les phrases par la conjonction de coordination qui convient.

a Que prends-tu ? Du lait ... du thé ?

b C'est une grande ... magnifique peinture.

c Louis nous quitte ... son train part dans vingt minutes.

d Apprends ta poésie ... viens me la réciter.

e Le cycliste peine ... la montée est difficile.

f C'est un élève très gentil ... il ne travaille pas assez.

g C'est un losange ... les quatre côtés sont égaux.

7 Indique le lien logique qui unit les deux propositions.

addition *opposition* *conséquence* *cause*

a Nous ne pourrons pas venir car notre voiture est en panne.

b Jean a reçu une boîte de crayons et il a offert un livre.

c Nous reportons notre pique-nique à dimanche car il pleut des cordes.

d Le lion rugit mais le dompteur resta calme.

8 Souligne les verbes conjugués, encadre les différentes propositions avec des crochets, puis analyse-les.

a La maîtresse a grondé Marc car il n'a pas appris sa poésie.

b Arthur aime jouer aux cartes mais il préfère peindre.

c Oncle Jules sème des graines de courgettes et tante Olivia les arrose.

d Les maraîchers récoltent leurs légumes, ils les vendent sur le marché.

e Louise a demandé un croissant car elle avait très faim.

Mes rituels quotidiens

Unité 1

▶ Autour du nom

Séance 3

Dictée Silka est le chat de la grand-mère de Charlotte.

→ **Relève tous les noms de la phrase.**

Séance 4

Dictée Les oiseaux volent longtemps.

→ **Analyse le mot souligné.**

Séance 5

Dictée Tu prépares ton exposé sur cet homme célèbre.

→ **Analyse les mots soulignés.**

Séance 6

Dictée Ce matin, dix élèves sont absents.

→ **Analyse les mots soulignés.**

Séance 7

Dictée La gourde transparente est fragile.

→ **Analyse le mot souligné.**

Séance 8

Dictée Quelle heure est-il ?

→ **Analyse le mot souligné.**

Séance 9

Dictée Ses deux maillots de bain sèchent au soleil.

→ **Analyse les mots soulignés.**

Mes rituels quotidiens

Unité 2

▶ Autour du verbe

Séance 12

Dictée La petite sœur de mon voisin arrive.

→ **Analyse les mots soulignés.**

Séance 13

Dictée Mon sac à dos est pratique.

→ **Analyse les mots soulignés.**

Séance 14

Dictée La deuxième voiture percute le camion vert.

→ **Analyse les mots soulignés.**

Séance 15

Dictée Ces trains à vapeur ne circulent plus.

→ **Analyse les mots soulignés.**

Pour analyser un **nom**, j'indique :
- sa nature ;
- son genre ;
- son nombre ;
- sa fonction.

Pour analyser un **déterminant**, j'indique :
- sa nature ;
- son genre ;
- son nombre ;
- sa fonction.

Pour analyser un **adjectif**, j'indique :
- sa nature ;
- son genre ;
- son nombre ;
- sa fonction.

Unité 3

▶ Le présent et le futur de l'indicatif

Séance 18

Dictée Nous jouons aux petites voitures.

→ **Analyse les mots soulignés.**

Séance 19

Conjugaison

→ **Mets le verbe grandir à la 1re personne du singulier du présent de l'indicatif.**
→ **Mets le verbe ramasser à la 2e personne du singulier du présent de l'indicatif.**
→ **Mets le verbe obéir à la 3e personne du pluriel du présent de l'indicatif.**

Dictée Tu observes des fourmis volantes.

→ **Analyse les mots soulignés.**

Séance 20

Conjugaison

→ **Mets le verbe bouger à la 1re personne du pluriel du présent de l'indicatif.**
→ **Mets le verbe déplacer à la 1re personne du pluriel du présent de l'indicatif.**
→ **Mets le verbe définir à la 1re personne du pluriel du présent de l'indicatif.**

Dictée Quel bel oiseau !

→ **Analyse les mots soulignés.**

Séance 21

Conjugaison

→ **Mets le verbe redire à la 2e personne du pluriel du présent de l'indicatif.**
→ **Mets le verbe marmonner à la 2e personne du singulier du futur simple.**
→ **Mets le verbe aplatir à la 1re personne du pluriel du futur simple.**

Dictée Le score total atteint douze points.

→ **Analyse les mots soulignés.**

Unité 4

▶ Les compléments

Séance 24

Conjugaison

→ Mets le verbe organiser à la 1re personne du singulier du présent de l'indicatif.
→ Mets le verbe bleuir à la 3e personne du pluriel du futur simple.
→ Mets le verbe venir à la 3e personne du singulier du futur simple.

Dictée

Tu voudras du pain.

→ Analyse les mots soulignés.

Séance 25

Conjugaison

→ Mets le verbe réfléchir à la 2e personne du pluriel du présent de l'indicatif.
→ Mets le verbe avoir à la 3e personne du pluriel du présent de l'indicatif.
→ Mets le verbe faire à la 1re personne du pluriel du futur simple.

Dictée

Le cheval de Margot est puissant.

→ Analyse les mots soulignés.

Séance 26

Conjugaison

→ Mets le verbe aller à la 1re personne du singulier du présent de l'indicatif.
→ Mets le verbe défaire à la 2e personne du pluriel du présent de l'indicatif.
→ Mets le verbe vouloir à la 2e personne du singulier du futur simple.

Dictée

Ce vieux chat paraît inoffensif.

→ Analyse les mots soulignés.

Séance 27

Conjugaison

- Mets le verbe glacer à la 1re personne du pluriel du présent de l'indicatif.
- Mets le verbe se pencher à la 2e personne du singulier du présent de l'indicatif.
- Mets le verbe voir à la 1re personne du singulier du futur simple.

Dictée

Jules ressemble à son oncle de Normandie.

- Analyse les mots soulignés.

Séance 28

Conjugaison

- Mets le verbe naviguer à la 1re personne du pluriel du présent de l'indicatif.
- Mets le verbe aller à la 2e personne du singulier du futur proche.
- Mets le verbe se redire à la 1re personne du singulier du futur simple.

Dictée

Nous mangeons de la confiture de fraises.

- Analyse les mots soulignés.

Séance 29

Conjugaison

- Mets le verbe déblayer à la 3e personne du pluriel du futur simple.
- Mets le verbe avoir à la 3e personne du singulier du futur simple.
- Mets le verbe admirer à la 1re personne du pluriel du futur proche.

Dictée

Le pilote inspecte les avions à hélice.

- Analyse les mots soulignés.

Mes rituels quotidiens

Séance 30

Conjugaison

→ Mets le verbe reprendre à la 3e personne du pluriel du présent de l'indicatif.
→ Mets le verbe devenir à la 2e personne du singulier du présent de l'indicatif.
→ Mets le verbe se restaurer à la 1re personne du singulier du futur simple.

Dictée

La grammaire, je l'étudie avec intérêt.

→ Analyse le mot souligné.

Séance 31

Conjugaison

→ Mets le verbe plaindre à la 2e personne du singulier du futur proche.
→ Mets le verbe se blesser à la 1re personne du singulier du futur simple.
→ Mets le verbe payer à la 1re personne du pluriel du présent de l'indicatif.

Dictée

La salle à manger est belle, avec ses nouvelles décorations.

→ Analyse les mots soulignés.

Séance 32

Conjugaison

→ Mets le verbe médire à la 2e personne du pluriel du présent de l'indicatif.
→ Mets le verbe prendre à la 3e personne du pluriel du futur simple.
→ Mets le verbe faire à la 2e personne du singulier du futur simple.

Dictée

Les vacances débuteront dans trois jours.

→ Analyse les mots soulignés.

Unité 5

▶ L'adverbe

Séance 34

Conjugaison

→ **Mets le verbe déjouer à la 3e personne du singulier du futur simple.**
→ **Mets le verbe refaire à la 1re personne du pluriel du présent de l'indicatif.**
→ **Mets le verbe aller à la 3e personne du pluriel du présent de l'indicatif.**

Dictée

Les frites, j'en raffole.

→ **Analyse les mots soulignés.**

Séance 35

Conjugaison

→ **Mets le verbe partager à la 1re personne du pluriel du présent de l'indicatif.**
→ **Mets le verbe vouloir à la 1re personne du singulier du présent de l'indicatif.**
→ **Mets le verbe avoir à la 2e personne du pluriel du futur proche.**

Dictée

Antoine participe à son premier concours.

→ **Analyse les mots soulignés.**

Pour analyser un **adverbe,** j'indique :
– sa nature ;
– sa fonction.

Pour analyser une **préposition,** j'indique :
– sa nature ;
– sa fonction.

Mes rituels quotidiens

Unité 6

▶ Les temps simples du passé

Séance 38

Conjugaison

→ Mets le verbe choyer à la 2e personne du singulier du futur simple.
→ Mets le verbe garantir à la 1re personne du singulier du présent de l'indicatif.
→ Mets le verbe prévoir à la 1re personne du pluriel du présent de l'indicatif.

Dictée

Nous irons au marché en voiture, demain.

→ Analyse les mots soulignés.

Séance 39

Conjugaison

→ Mets le verbe aimer à la 2e personne du singulier de l'imparfait.
→ Mets le verbe finir à la 1re personne du pluriel de l'imparfait.
→ Mets le verbe voir à la 1re personne du singulier de l'imparfait.

Dictée

Les gymnastes s'entraînent pour obtenir la médaille.

→ Analyse les mots soulignés.

Séance 40

Conjugaison

→ Mets le verbe plier à la 2e personne du pluriel de l'imparfait.
→ Mets le verbe agacer à la 2e personne du singulier de l'imparfait.
→ Mets le verbe anéantir à la 1re personne du pluriel du présent de l'indicatif.

Dictée

Tu cours très vite.

→ Analyse les mots soulignés.

Séance 41

Conjugaison

→ Mets le verbe **traverser** à la 3e personne du singulier du passé simple.
→ Mets le verbe **être** à la 2e personne du pluriel du futur simple.
→ Mets le verbe **parfaire** à la 2e personne du singulier de l'imparfait.

Dictée

Sur le manège, vous criiez de joie.

→ Analyse les mots soulignés.

Séance 42

Conjugaison

→ Mets le verbe **nager** à la 3e personne du singulier de l'imparfait.
→ Mets le verbe **blanchir** à la 3e personne du pluriel du passé simple.
→ Mets le verbe **agrandir** à la 2e personne du pluriel du passé simple.

Dictée

Je ne serai pas malade.

→ Analyse les mots soulignés.

Séance 43

Conjugaison

→ Mets le verbe **gagner** à la 1re personne du singulier de l'imparfait.
→ Mets le verbe **faire** à la 3e personne du singulier du passé simple.
→ Mets le verbe **avoir** à la 2e personne du singulier du passé simple.

Dictée

Nous offrons des chocolats à la maîtresse.

→ Analyse les mots soulignés.

Unité 7

▶ Autour de la phrase

Séance 46

Conjugaison

→ **Mets le verbe calculer à la 1re personne du pluriel du passé simple.**
→ **Mets le verbe naviguer à la 3e personne du singulier de l'imparfait.**
→ **Mets le verbe jouer à la 1re personne du singulier du futur simple.**

Dictée

Le paysage se fige dans le froid glacial.

→ **Analyse les mots soulignés.**

Séance 47

Conjugaison

→ **Mets le verbe secouer à la 1re personne du singulier du futur simple.**
→ **Mets le verbe trahir à la 2e personne du pluriel du passé simple.**
→ **Mets le verbe se défier à la 2e personne du pluriel de l'imparfait.**

Dictée

Je préfère les pommes de terre aux petits pois.

→ **Analyse les mots soulignés.**

Séance 48

Conjugaison

→ **Mets le verbe blanchir à la 2e personne du singulier du futur simple.**
→ **Mets le verbe prévenir à la 1re personne du pluriel du passé simple.**
→ **Mets le verbe se noyer à la 1re personne du singulier du présent de l'indicatif.**

Dictée

Des voitures arrivent, je les vois bien malgré le brouillard.

→ **Analyse les mots soulignés.**

Séance 49

Conjugaison

- Mets le verbe **prendre** à la 2e personne du pluriel du présent de l'indicatif.
- Mets le verbe **être** à la 1re personne du pluriel du passé simple.
- Mets le verbe **aller** à la 1re personne du singulier du futur simple.

Dictée

Ces fleurs des champs poussent au printemps.

- Analyse les mots soulignés.

Séance 50

Conjugaison

- Mets le verbe **rayer** à la 2e personne du pluriel du présent de l'indicatif.
- Mets le verbe **crier** à la 1re personne du pluriel de l'imparfait.
- Mets le verbe **pouvoir** à la 3e personne du pluriel du passé simple.

Dictée

Tu cachas ton pyjama sous ton oreiller.

- Analyse les mots soulignés.

Séance 51

Conjugaison

- Mets le verbe **avoir** à la 1re personne du pluriel du futur simple.
- Mets le verbe **se promener** à la 2e personne du singulier du passé simple.
- Mets le verbe **être** à la 2e personne du pluriel du présent de l'indicatif.

Dictée

Qui nous aidera ?

- Analyse les mots soulignés.

Séance 52

Conjugaison

- Mets le verbe **vouloir** à la 3e personne du pluriel du présent de l'indicatif.
- Mets le verbe **venir** à la 2e personne du pluriel de l'imparfait.
- Mets le verbe **manger** à la 2e personne du pluriel du passé simple.

Dictée

Les soldats demeurent impassibles pendant la bataille.

- Analyse les mots soulignés.

Mes rituels quotidiens

Unité 8

▶ Les temps composés du passé

Séance 56

Conjugaison

→ Mets le verbe venir à la 2e personne du pluriel du passé simple.

→ Mets le verbe s'approcher à la 1re personne du singulier du présent de l'indicatif.

→ Mets le verbe lire à la 2e personne du singulier du futur proche.

Dictée Tu écris bien avec ton nouveau stylo.

→ Analyse les mots soulignés.

Séance 57

Conjugaison

→ Mets le verbe faire à la 1re personne du pluriel de l'imparfait.

→ Mets le verbe manger à la 2e personne du singulier de l'impératif présent.

→ Mets le verbe avoir à la 1re personne du singulier du passé composé.

Dictée Il ne regarde jamais la solution des rébus.

→ Analyse la locution soulignée.

Séance 58

Conjugaison

→ Mets le verbe aller à la 3e personne du pluriel au féminin du passé composé.

→ Mets le verbe se ranger à la 3e personne du singulier de l'imparfait.

→ Mets le verbe être à la 1re personne du pluriel de l'impératif présent.

Dictée Les chevaliers étaient de vaillants guerriers.

→ Analyse les mots soulignés.

Séance 59

Conjugaison

- Mets le verbe **revenir** à la 3e personne du pluriel au masculin du plus-que-parfait.
- Mets le verbe **essuyer** à la 3e personne du singulier du passé simple.
- Mets le verbe **se blottir** à la 1re personne du singulier du présent de l'indicatif.

Dictée

Quand arrivez-vous ?

- Analyse le mot souligné.

Unité 9

▶ Phrases simples et phrases complexes

Séance 62

Conjugaison

- Mets le verbe **pleurer** à la 1re personne du pluriel du plus-que-parfait.
- Mets le verbe **avoir** à la 3e personne du pluriel du passé simple.
- Mets le verbe **arriver** à la 3e personne du singulier au féminin du passé composé.

Dictée

Écoute attentivement !

- Analyse les mots de cette phrase.

Séance 63

Conjugaison

- Mets le verbe **être** à la 1re personne du pluriel du plus-que-parfait.
- Mets le verbe **devenir** à la 3e personne du pluriel au féminin du passé composé.
- Mets le verbe **partir** à la 2e personne du singulier du passé simple.

Dictée

Les quatre joueurs arrivés en tête furent qualifiés.

- Analyse les mots soulignés.

Mes rituels quotidiens

Séance 64

Conjugaison

→ Mets le verbe rincer à la 3e personne du singulier de l'imparfait.

→ Mets le verbe dire à la 3e personne du pluriel au féminin du passé composé.

→ Mets le verbe avoir à la 2e personne du pluriel de l'impératif présent.

Dictée

Le caramel au beurre salé est une spécialité bretonne.

→ Analyse les mots soulignés.

Séance 65

Conjugaison

→ Mets le verbe pouvoir à la 1re personne du pluriel du passé simple.

→ Mets le verbe se dépêcher à la 3e personne du pluriel au masculin du passé composé.

→ Mets le verbe entrer à la 3e personne du pluriel au féminin du plus-que-parfait.

Dictée

Où vivent les Papous ?

→ Analyse les mots soulignés.

Pour analyser un **pronom personnel**, j'indique :
- sa nature ;
- le mot qu'il remplace ;
- son genre ;
- son nombre ;
- sa fonction.

Pour analyser un **verbe**, j'indique :
- sa nature ;
- son infinitif et son groupe ;
- s'il s'agit d'un verbe d'état ou d'un verbe d'action ;
- s'il s'agit d'un verbe pronominal ;
- son temps et son mode ;
- sa personne ;
- son nombre ;
- sa fonction quand il s'agit d'un infinitif.

Analyse

Analyse grammaticale

Le nom

▶ Pour **analyser un nom**, j'indique :
- sa nature : nom propre, nom commun, nom composé ;
- son genre : masculin ou féminin ;
- son nombre : singulier ou pluriel ;
- sa fonction : sujet, complément, attribut de ... .

*Exemple : **Iris** étudie la **grammaire**.*
*➜ **Iris** : nom propre, féminin singulier, sujet du verbe **étudier***
*➜ **grammaire** : nom propre, féminin singulier, complément d'objet direct du verbe **étudier***

Le déterminant

▶ Pour **analyser un déterminant**, j'indique :
- sa nature : article indéfini, défini, défini contracté, partitif ou déterminant possessif, démonstratif, numéral cardinal, exclamatif, interrogatif ;
- son genre : masculin ou féminin ;
- son nombre : singulier ou pluriel ;
- sa fonction : détermine le nom ... .

*Exemple : **Ces** élèves font **des** exercices.*
*➜ **Ces** : déterminant démonstratif, pluriel masculin, détermine le nom **élèves***
*➜ **des** : article indéfini, pluriel masculin, détermine le nom **exercices***

L'adjectif

▶ Pour **analyser un adjectif**, j'indique :
- sa nature : adjectif qualificatif, adjectif numéral ordinal ;
- son genre : masculin ou féminin ;
- son nombre : singulier ou pluriel ;
- sa fonction : épithète de ..., attribut du sujet ... .

*Exemple : En classe, Iris est **attentive**.*
*➜ **attentive** : adjectif qualificatif, féminin singulier, attribut du sujet **Iris***

Analyse

Le pronom personnel

▶ Pour **analyser un pronom personnel**, j'indique :
– sa nature : pronom personnel ;
– le mot qu'il remplace quand on le connaît ;
– sa personne ;
– son genre : masculin ou féminin ;
– son nombre : singulier ou pluriel ;
– sa fonction : sujet, complément d'objet direct ou indirect du verbe ..., complément circonstanciel de temps, de lieu, de manière...

*Exemple : **Nous** sommes allés **te** voir samedi dernier.*
*➜ **Nous** : pronom personnel, 1re personne du pluriel, sujet du verbe **aller***
*➜ **te** : pronom personnel, 2e personne du singulier, complément d'objet direct du verbe **voir***

Le verbe

▶ Pour **analyser un verbe**, j'indique :
– sa nature : verbe ; son infinitif et son groupe (1er, 2e ou 3e groupe) ;
– s'il s'agit d'un verbe d'état ou d'un verbe d'action ;
– s'il s'agit d'un verbe pronominal ;
– son temps et son mode (indicatif ou impératif) ;
– sa personne : 1re, 2e ou 3e personne ;
– son nombre : singulier ou pluriel ;
– sa fonction, quand il s'agit d'un infinitif.

*Exemple : Lucie **s'est coiffée** d'un chignon.*
*➜ **s'est coiffée** : verbe pronominal **se coiffer**, verbe d'action du 1er groupe, 3e personne du singulier du passé composé*

L'adverbe

▶ Pour **analyser un adverbe**, j'indique :
– sa nature et son sens : adverbe de temps, de lieu, de manière, de négation... ;
– sa fonction : modifie le verbe ..., l'adjectif ..., l'adverbe ... ou complément circonstanciel.

*Exemple : Nicolas lit **attentivement** sa leçon.*
*➜ **attentivement** : adverbe de manière, modifie le verbe **lire***

La préposition

▶ Pour analyser une préposition, j'indique :
- sa nature : préposition ;
- sa fonction : introduit le complément ... .

Exemple : *Le train arrive **à** Lyon **vers** onze heures.*
➜ **à** : préposition, introduit le complément circonstanciel de lieu **à Lyon**
➜ **vers** : préposition, introduit le complément circonstanciel de temps **vers onze heures**

Analyse de phrases

Pour analyser une **phrase**, je repère le sujet et le verbe.

▶ **Phrase verbale ou phrase non verbale**

• La **phrase verbale** est construite autour d'un verbe.

Exemple : *Marine joue du violon.*
sujet verbe

• La **phrase non verbale** ne comporte pas de verbe.

Exemples : *Magnifique ! Délicieuse, cette tarte.*

▶ **Phrase simple ou phrase complexe**

• La **phrase simple** comporte un seul verbe.

Exemple : *Sandrine prépare son cheval.*
sujet verbe

• La **phrase complexe** comporte plusieurs verbes, donc plusieurs propositions :

– par **juxtaposition** : les propositions sont séparées par une virgule, un point-virgule ou deux-points.

Exemple : *[Son cheval a fait le meilleur temps] ; [elle gagne le concours.]*
verbe 1 verbe 2

– par **coordination** : les propositions sont unies par une conjonction de coordination (***mais***, ***ou***, ***et***, ***or***, ***ni***, ***car***).

Exemple : *[Elle gagne le concours], [car son cheval a fait le meilleur temps.]*
verbe 1 verbe 2

Les fonctions

Sujet

- Le **sujet** est la personne, l'animal ou la chose qui fait l'action ou se trouve dans l'état exprimé par le verbe.

*Exemple : **Les élèves** étudient la grammaire.*
*→ **Les élèves** est le sujet du verbe **étudier***

Épithète et attribut du sujet

- **Épithète**
Quand l'adjectif est placé à côté du nom, il est **épithète**.

*Exemple : L'élève **appliqué** recopie sa leçon.*
*→ **appliqué** est épithète du nom **élève***

- **Attribut du sujet**
L'**attribut du sujet** est relié au sujet par un verbe d'état.
Ce peut être un adjectif, un nom ou un groupe nominal.

*Exemple : En classe, Iris est **attentive**.*
*→ **attentive** est l'attribut du sujet **Iris***

Complément du nom

- Le **complément du nom** complète le nom : il donne des précisions sur le nom.
Il est introduit par une préposition : ***à*** (***au***, ***aux***), ***de*** (***du***, ***d'***), ***en***, ***sans***…
Le complément du nom peut être un nom, un groupe nominal ou un verbe à l'infinitif.

*Exemple : Les chaises **de la classe** sont rangées.*
*→ **de la classe** est complètement du nom **chaises***

Complément d'objet

- Le **complément d'objet** indique la personne, l'animal ou la chose sur laquelle porte l'action.

- Le **complément d'objet direct** est directement relié au verbe, sans préposition.

Exemple : *Nicolas apprend* ***sa leçon****.*
→ ***sa leçon*** *est complément d'objet direct du verbe* ***apprendre***

Qu'est-ce que Nicolas apprend ? Sa leçon.

- Le **complément d'objet indirect** est relié au verbe par une préposition.

Exemple : *Nicolas écrit* ***à ses grands-parents****.*
→ ***à ses grands-parents*** *est complément d'objet indirect du verbe* ***écrire***

À qui est-ce que Nicolas écrit ? À ses grands-parents.

Compléments circonstanciels

- Le **complément circonstanciel** apporte une précision sur les circonstances dans lesquelles se déroule l'action.

Exemples :

Les élèves étudieront les fractions ***demain****.*
→ ***Demain*** *est complément circonstanciel de temps*

Quand les élèves étudieront-ils les fractions ? Demain.

Les élèves lisent ***dans leur classe****.*
→ ***dans leur classe*** *est complément circonstanciel de lieu*

Où les élèves lisent-ils ? Dans leur classe.

Les élèves travaillent ***sérieusement****.*
→ ***sérieusement*** *est complément circonstanciel de manière*

Comment les élèves travaillent-ils ? Sérieusement.

Tableaux de conjugaison

Verbes du 1er groupe marcher

INDICATIF

présent	
1re pers. sing.	je marche
2e pers. sing.	tu marches
3e pers. sing.	il, elle marche
1re pers. plur.	nous marchons
2e pers. plur.	vous marchez
3e pers. plur.	ils, elles marchent

passé composé	
1re pers. sing.	j'ai marché
2e pers. sing.	tu as marché
3e pers. sing.	il, elle a marché
1re pers. plur.	nous avons marché
2e pers. plur.	vous avez marché
3e pers. plur.	ils, elles ont marché

imparfait	
1re pers. sing.	je marchais
2e pers. sing.	tu marchais
3e pers. sing.	il, elle marchait
1re pers. plur.	nous marchions
2e pers. plur.	vous marchiez
3e pers. plur.	ils, elles marchaient

plus-que-parfait	
1re pers. sing.	j'avais marché
2e pers. sing.	tu avais marché
3e pers. sing.	il, elle avait marché
1re pers. plur.	nous avions marché
2e pers. plur.	vous aviez marché
3e pers. plur.	ils, elles avaient marché

passé simple	
1re pers. sing.	je marchai
2e pers. sing.	tu marchas
3e pers. sing.	il, elle marcha
1re pers. plur.	nous marchâmes
2e pers. plur.	vous marchâtes
3e pers. plur.	ils, elles marchèrent

futur simple	
1re pers. sing.	je marcherai
2e pers. sing.	tu marcheras
3e pers. sing.	il, elle marchera
1re pers. plur.	nous marcherons
2e pers. plur.	vous marcherez
3e pers. plur.	ils, elles marcheront

impératif	
2e pers. sing.	marche
1re pers. plur.	marchons
2e pers. plur.	marchez

participe
marché

infinitif
marcher

Verbes du 2e groupe grandir

INDICATIF

présent	
1re pers. sing.	je grandis
2e pers. sing.	tu grandis
3e pers. sing.	il, elle grandit
1re pers. plur.	nous grandissons
2e pers. plur.	vous grandissez
3e pers. plur.	ils, elles grandissent

passé composé	
1re pers. sing.	j'ai grandi
2e pers. sing.	tu as grandi
3e pers. sing.	il, elle a grandi
1re pers. plur.	nous avons grandi
2e pers. plur.	vous avez grandi
3e pers. plur.	ils, elles ont grandi

imparfait	
1re pers. sing.	je grandissais
2e pers. sing.	tu grandissais
3e pers. sing.	il, elle grandissait
1re pers. plur.	nous grandissions
2e pers. plur.	vous grandissiez
3e pers. plur.	ils, elles grandissaient

plus-que-parfait	
1re pers. sing.	j'avais grandi
2e pers. sing.	tu avais grandi
3e pers. sing.	il, elle avait grandi
1re pers. plur.	nous avions grandi
2e pers. plur.	vous aviez grandi
3e pers. plur.	ils, elles avaient grandi

passé simple	
1re pers. sing.	je grandis
2e pers. sing.	tu grandis
3e pers. sing.	il, elle grandit
1re pers. plur.	nous grandîmes
2e pers. plur.	vous grandîtes
3e pers. plur.	ils, elles grandirent

futur simple	
1re pers. sing.	je grandirai
2e pers. sing.	tu grandiras
3e pers. sing.	il, elle grandira
1re pers. plur.	nous grandirons
2e pers. plur.	vous grandirez
3e pers. plur.	ils, elles grandiront

impératif	
2e pers. sing.	grandis
1re pers. plur.	grandissons
2e pers. plur.	grandissez

participe
grandi

infinitif
grandir

Tableaux de conjugaison

Verbes du 3e groupe être

INDICATIF

présent	
1re pers. sing.	je suis
2e pers. sing.	tu es
3e pers. sing.	il, elle est
1re pers. plur.	nous sommes
2e pers. plur.	vous êtes
3e pers. plur.	ils, elles sont

passé composé	
1re pers. sing.	j'ai été
2e pers. sing.	tu as été
3e pers. sing.	il, elle a été
1re pers. plur.	nous avons été
2e pers. plur.	vous avez été
3e pers. plur.	ils, elles ont été

imparfait	
1re pers. sing.	j'étais
2e pers. sing.	tu étais
3e pers. sing.	il, elle était
1re pers. plur.	nous étions
2e pers. plur.	vous étiez
3e pers. plur.	ils, elles étaient

plus-que-parfait	
1re pers. sing.	j'avais été
2e pers. sing.	tu avais été
3e pers. sing.	il, elle avait été
1re pers. plur.	nous avions été
2e pers. plur.	vous aviez été
3e pers. plur.	ils, elles avaient été

passé simple	
1re pers. sing.	je fus
2e pers. sing.	tu fus
3e pers. sing.	il, elle fut
1re pers. plur.	nous fûmes
2e pers. plur.	vous fûtes
3e pers. plur.	ils, elles furent

futur simple	
1re pers. sing.	je serai
2e pers. sing.	tu seras
3e pers. sing.	il, elle sera
1re pers. plur.	nous serons
2e pers. plur.	vous serez
3e pers. plur.	ils, elles seront

impératif	
2e pers. sing.	sois
1re pers. plur.	soyons
2e pers. plur.	soyez

participe
été

infinitif
être

Verbes du 3e groupe avoir

INDICATIF

présent	
1re pers. sing.	j'ai
2e pers. sing.	tu as
3e pers. sing.	il, elle a
1re pers. plur.	nous avons
2e pers. plur.	vous avez
3e pers. plur.	ils, elles ont

passé composé	
1re pers. sing.	j'ai eu
2e pers. sing.	tu as eu
3e pers. sing.	il, elle a eu
1re pers. plur.	nous avons eu
2e pers. plur.	vous avez eu
3e pers. plur.	ils, elles ont eu

imparfait	
1re pers. sing.	j'avais
2e pers. sing.	tu avais
3e pers. sing.	il, elle avait
1re pers. plur.	nous avions
2e pers. plur.	vous aviez
3e pers. plur.	ils, elles avaient

plus-que-parfait	
1re pers. sing.	j'avais eu
2e pers. sing.	tu avais eu
3e pers. sing.	il, elle avait eu
1re pers. plur.	nous avions eu
2e pers. plur.	vous aviez eu
3e pers. plur.	ils, elles avaient eu

passé simple	
1re pers. sing.	j'eus
2e pers. sing.	tu eus
3e pers. sing.	il, elle eut
1re pers. plur.	nous eûmes
2e pers. plur.	vous eûtes
3e pers. plur.	ils, elles eurent

futur simple	
1re pers. sing.	j'aurai
2e pers. sing.	tu auras
3e pers. sing.	il, elle aura
1re pers. plur.	nous aurons
2e pers. plur.	vous aurez
3e pers. plur.	ils, elles auront

impératif	
2e pers. sing.	aie
1re pers. plur.	ayons
2e pers. plur.	ayez

participe
eu

infinitif
avoir

Tableaux de conjugaison

Verbes du 3e groupe aller

INDICATIF

présent	
1re pers. sing.	je vais
2e pers. sing.	tu vas
3e pers. sing.	il, elle va
1re pers. plur.	nous allons
2e pers. plur.	vous allez
3e pers. plur.	ils, elles vont

passé composé	
1re pers. sing.	je suis allé(e)
2e pers. sing.	tu es allé(e)
3e pers. sing.	il, elle est allé(e)
1re pers. plur.	nous sommes allé(e)s
2e pers. plur.	vous êtes allé(e)s
3e pers. plur.	ils, elles sont allé(e)s

imparfait	
1re pers. sing.	j'allais
2e pers. sing.	tu allais
3e pers. sing.	il, elle allait
1re pers. plur.	nous allions
2e pers. plur.	vous alliez
3e pers. plur.	ils, elles allaient

plus-que-parfait	
1re pers. sing.	j'étais allé(e)
2e pers. sing.	tu étais allé(e)
3e pers. sing.	il, elle était allé(e)
1re pers. plur.	nous étions allé(e)s
2e pers. plur.	vous étiez allé(e)s
3e pers. plur.	ils, elles étaient allé(e)s

passé simple	
1re pers. sing.	j'allai
2e pers. sing.	tu allas
3e pers. sing.	il, elle alla
1re pers. plur.	nous allâmes
2e pers. plur.	vous allâtes
3e pers. plur.	ils, elles allèrent

futur simple	
1re pers. sing.	j'irai
2e pers. sing.	tu iras
3e pers. sing.	il, elle ira
1re pers. plur.	nous irons
2e pers. plur.	vous irez
3e pers. plur.	ils, elles iront

impératif	
2e pers. sing.	va
1re pers. plur.	allons
2e pers. plur.	allez

participe
allé

infinitif
aller

Verbes du 3e groupe venir

INDICATIF

présent	
1re pers. sing.	je viens
2e pers. sing.	tu viens
3e pers. sing.	il, elle vient
1re pers. plur.	nous venons
2e pers. plur.	vous venez
3e pers. plur.	ils, elles viennent

passé composé	
1re pers. sing.	je suis venu(e)
2e pers. sing.	tu es venu(e)
3e pers. sing.	il, elle est venu(e)
1re pers. plur.	nous sommes venu(e)s
2e pers. plur.	vous êtes venu(e)s
3e pers. plur.	ils, elles sont venu(e)s

imparfait	
1re pers. sing.	je venais
2e pers. sing.	tu venais
3e pers. sing.	il, elle venait
1re pers. plur.	nous venions
2e pers. plur.	vous veniez
3e pers. plur.	ils, elles venaient

plus-que-parfait	
1re pers. sing.	j'étais venu(e)
2e pers. sing.	tu étais venu(e)
3e pers. sing.	il, elle était venu(e)
1re pers. plur.	nous étions venu(e)s
2e pers. plur.	vous étiez venu(e)s
3e pers. plur.	ils, elles étaient venu(e)s

passé simple	
1re pers. sing.	je vins
2e pers. sing.	tu vins
3e pers. sing.	il, elle vint
1re pers. plur.	nous vînmes
2e pers. plur.	vous vîntes
3e pers. plur.	ils, elles vinrent

futur simple	
1re pers. sing.	je viendrai
2e pers. sing.	tu viendras
3e pers. sing.	il, elle viendra
1re pers. plur.	nous viendrons
2e pers. plur.	vous viendrez
3e pers. plur.	ils, elles viendront

impératif	
2e pers. sing.	viens
1re pers. plur.	venons
2e pers. plur.	venez

participe
venu

infinitif
venir

Tableaux de conjugaison

Verbes du 3e groupe prendre

INDICATIF

présent	
1re pers. sing.	je prends
2e pers. sing.	tu prends
3e pers. sing.	il, elle prend
1re pers. plur.	nous prenons
2e pers. plur.	vous prenez
3e pers. plur.	ils, elles prennent

passé composé	
1re pers. sing.	j'ai pris
2e pers. sing.	tu as pris
3e pers. sing.	il, elle a pris
1re pers. plur.	nous avons pris
2e pers. plur.	vous avez pris
3e pers. plur.	ils, elles ont pris

imparfait	
1re pers. sing.	je prenais
2e pers. sing.	tu prenais
3e pers. sing.	il, elle prenait
1re pers. plur.	nous prenions
2e pers. plur.	vous preniez
3e pers. plur.	ils, elles prenaient

plus-que-parfait	
1re pers. sing.	j'avais pris
2e pers. sing.	tu avais pris
3e pers. sing.	il, elle avait pris
1re pers. plur.	nous avions pris
2e pers. plur.	vous aviez pris
3e pers. plur.	ils, elles avaient pris

passé simple	
1re pers. sing.	je pris
2e pers. sing.	tu pris
3e pers. sing.	il, elle prit
1re pers. plur.	nous prîmes
2e pers. plur.	vous prîtes
3e pers. plur.	ils, elles prirent

futur simple	
1re pers. sing.	je prendrai
2e pers. sing.	tu prendras
3e pers. sing.	il, elle prendra
1re pers. plur.	nous prendrons
2e pers. plur.	vous prendrez
3e pers. plur.	ils, elles prendront

impératif	
2e pers. sing.	prends
1re pers. plur.	prenons
2e pers. plur.	prenez

participe
pris

infinitif
prendre

Verbes du 3e groupe dire

INDICATIF

présent	
1re pers. sing.	je dis
2e pers. sing.	tu dis
3e pers. sing.	il, elle dit
1re pers. plur.	nous disons
2e pers. plur.	vous dites
3e pers. plur.	ils, elles disent

passé composé	
1re pers. sing.	j'ai dit
2e pers. sing.	tu as dit
3e pers. sing.	il, elle a dit
1re pers. plur.	nous avons dit
2e pers. plur.	vous avez dit
3e pers. plur.	ils, elles ont dit

imparfait	
1re pers. sing.	je disais
2e pers. sing.	tu disais
3e pers. sing.	il, elle disait
1re pers. plur.	nous disions
2e pers. plur.	vous disiez
3e pers. plur.	ils, elles disaient

plus-que-parfait	
1re pers. sing.	j'avais dit
2e pers. sing.	tu avais dit
3e pers. sing.	il, elle avait dit
1re pers. plur.	nous avions dit
2e pers. plur.	vous aviez dit
3e pers. plur.	ils, elles avaient dit

passé simple	
1re pers. sing.	je dis
2e pers. sing.	tu dis
3e pers. sing.	il, elle dit
1re pers. plur.	nous dîmes
2e pers. plur.	vous dîtes
3e pers. plur.	ils, elles dirent

futur simple	
1re pers. sing.	je dirai
2e pers. sing.	tu diras
3e pers. sing.	il, elle dira
1re pers. plur.	nous dirons
2e pers. plur.	vous direz
3e pers. plur.	ils, elles diront

impératif	
2e pers. sing.	dis
1re pers. plur.	disons
2e pers. plur.	dites

participe
dit

infinitif
dire

Tableaux de conjugaison

Verbes du 3e groupe faire

INDICATIF

présent	
1re pers. sing.	je fais
2e pers. sing.	tu fais
3e pers. sing.	il, elle fait
1re pers. plur.	nous faisons
2e pers. plur.	vous faites
3e pers. plur.	ils, elles font

passé composé	
1re pers. sing.	j'ai fait
2e pers. sing.	tu as fait
3e pers. sing.	il, elle a fait
1re pers. plur.	nous avons fait
2e pers. plur.	vous avez fait
3e pers. plur.	ils, elles ont fait

imparfait	
1re pers. sing.	je faisais
2e pers. sing.	tu faisais
3e pers. sing.	il, elle faisait
1re pers. plur.	nous faisions
2e pers. plur.	vous faisiez
3e pers. plur.	ils, elles faisaient

plus-que-parfait	
1re pers. sing.	j'avais fait
2e pers. sing.	tu avais fait
3e pers. sing.	il, elle avait fait
1re pers. plur.	nous avions fait
2e pers. plur.	vous aviez fait
3e pers. plur.	ils, elles avaient fait

passé simple	
1re pers. sing.	je fis
2e pers. sing.	tu fis
3e pers. sing.	il, elle fit
1re pers. plur.	nous fîmes
2e pers. plur.	vous fîtes
3e pers. plur.	ils, elles firent

futur simple	
1re pers. sing.	je ferai
2e pers. sing.	tu feras
3e pers. sing.	il, elle fera
1re pers. plur.	nous ferons
2e pers. plur.	vous ferez
3e pers. plur.	ils, elles feront

impératif	
2e pers. sing.	fais
1re pers. plur.	faisons
2e pers. plur.	faites

participe
fait

infinitif
faire

Verbes du 3e groupe vouloir

INDICATIF

présent	
1re pers. sing.	je veux
2e pers. sing.	tu veux
3e pers. sing.	il, elle veut
1re pers. plur.	nous voulons
2e pers. plur.	vous voulez
3e pers. plur.	ils, elles veulent

passé composé	
1re pers. sing.	j'ai voulu
2e pers. sing.	tu as voulu
3e pers. sing.	il, elle a voulu
1re pers. plur.	nous avons voulu
2e pers. plur.	vous avez voulu
3e pers. plur.	ils, elles ont voulu

imparfait	
1re pers. sing.	je voulais
2e pers. sing.	tu voulais
3e pers. sing.	il, elle voulait
1re pers. plur.	nous voulions
2e pers. plur.	vous vouliez
3e pers. plur.	ils, elles voulaient

plus-que-parfait	
1re pers. sing.	j'avais voulu
2e pers. sing.	tu avais voulu
3e pers. sing.	il, elle avait voulu
1re pers. plur.	nous avions voulu
2e pers. plur.	vous aviez voulu
3e pers. plur.	ils, elles avaient voulu

passé simple	
1re pers. sing.	je voulus
2e pers. sing.	tu voulus
3e pers. sing.	il, elle voulut
1re pers. plur.	nous voulûmes
2e pers. plur.	Vous voulûtes
3e pers. plur.	ils, elles voulurent

futur simple	
1re pers. sing.	je voudrai
2e pers. sing.	tu voudras
3e pers. sing.	il, elle voudra
1re pers. plur.	nous voudrons
2e pers. plur.	vous voudrez
3e pers. plur.	ils, elles voudront

impératif	
2e pers. sing.	veuille / veux
1re pers. plur.	veuillons / voulons
2e pers. plur.	veuillez / voulez

participe
voulu

infinitif
vouloir

Tableaux de conjugaison

Verbes du 3e groupe pouvoir

INDICATIF

présent	
1re pers. sing.	je peux (puis)
2e pers. sing.	tu peux
3e pers. sing.	il, elle peut
1re pers. plur.	nous pouvons
2e pers. plur.	vous pouvez
3e pers. plur.	ils, elles peuvent

passé composé	
1re pers. sing.	j'ai pu
2e pers. sing.	tu as pu
3e pers. sing.	il, elle a pu
1re pers. plur.	nous avons pu
2e pers. plur.	vous avez pu
3e pers. plur.	ils, elles ont pu

imparfait	
1re pers. sing.	je pouvais
2e pers. sing.	tu pouvais
3e pers. sing.	il, elle pouvait
1re pers. plur.	nous pouvions
2e pers. plur.	vous pouviez
3e pers. plur.	ils, elles pouvaient

plus-que-parfait	
1re pers. sing.	j'avais pu
2e pers. sing.	tu avais pu
3e pers. sing.	il, elle avait pu
1re pers. plur.	nous avions pu
2e pers. plur.	vous aviez pu
3e pers. plur.	ils, elles avaient pu

passé simple	
1re pers. sing.	je pus
2e pers. sing.	tu pus
3e pers. sing.	il, elle put
1re pers. plur.	nous pûmes
2e pers. plur.	vous pûtes
3e pers. plur.	ils, elles purent

futur simple	
1re pers. sing.	je pourrai
2e pers. sing.	tu pourras
3e pers. sing.	il, elle pourra
1re pers. plur.	nous pourrons
2e pers. plur.	vous pourrez
3e pers. plur.	ils, elles pourront

impératif	
2e pers. sing.	-
1re pers. plur.	-
2e pers. plur.	-

participe
pu

infinitif
pouvoir

Verbes du 3e groupe voir

INDICATIF

présent	
1re pers. sing.	je vois
2e pers. sing.	tu vois
3e pers. sing.	il, elle voit
1re pers. plur.	nous voyons
2e pers. plur.	vous voyez
3e pers. plur.	ils, elles voient

passé composé	
1re pers. sing.	j'ai vu
2e pers. sing.	tu as vu
3e pers. sing.	il, elle a vu
1re pers. plur.	nous avons vu
2e pers. plur.	vous avez vu
3e pers. plur.	ils, elles ont vu

imparfait	
1re pers. sing.	je voyais
2e pers. sing.	tu voyais
3e pers. sing.	il, elle voyait
1re pers. plur.	nous voyions
2e pers. plur.	vous voyiez
3e pers. plur.	ils, elles voyaient

plus-que-parfait	
1re pers. sing.	j'avais vu
2e pers. sing.	tu avais vu
3e pers. sing.	il, elle avait vu
1re pers. plur.	nous avions vu
2e pers. plur.	vous aviez vu
3e pers. plur.	ils, elles avaient vu

passé simple	
1re pers. sing.	je vis
2e pers. sing.	tu vis
3e pers. sing.	il, elle vit
1re pers. plur.	nous vîmes
2e pers. plur.	vous vîtes
3e pers. plur.	ils, elles virent

futur simple	
1re pers. sing.	je verrai
2e pers. sing.	tu verras
3e pers. sing.	il, elle verra
1re pers. plur.	nous verrons
2e pers. plur.	vous verrez
3e pers. plur.	ils, elles verront

impératif	
2e pers. sing.	vois
1re pers. plur.	voyons
2e pers. plur.	voyez

participe
vu

infinitif
voir

Conception de la couverture : Primo & Primo

Conception de la maquette intérieure : Primo & Primo

Adaptation de la couverture et de la maquette intérieure : Jean-Marc Granier

Mise en page : Jean-Marc Granier

Direction éditoriale : Jean Nemo

Édition : Véronique Pommeret

Relecture : Astrid Rogge

Illustration de la couverture : Rebecca Romeo

Illustrations : Caroline Modeste
© Freepik, *pour le parchemin page 81*

10, place des Cinq Martyrs du Lycée Buffon, 75015 Paris

ISBN : 978-2-36940-754-6
Numéro éditeur : LDES120220176
Dépôt légal : mars 2023
Achevé d'imprimer en France en mars 2023
par l'imprimerie Pollina - 29199

IMPRIM'VERT
Votre imprimeur agit pour l'environnement

PEFC 10-31-2065

FABRIQUÉ EN FRANCE